徐一睿

———

著

WAR AND
PUBLIC FINANCE

战争与财政

浙江人民出版社

图书在版编目（CIP）数据

战争与财政 / 徐一睿著. -- 杭州 ： 浙江人民出版
社，2025. 2. -- ISBN 978-7-213-11711-4

Ⅰ. F81

中国国家版本馆CIP数据核字第20246EX679号

战争与财政

ZHANZHENG YU CAIZHENG

徐一睿 著

出版发行：浙江人民出版社（杭州市环城北路177号　邮编　310006）
　　　　　市场部电话：(0571)85061682　85176516

责任编辑：诸舒鹏　　　　　　　　营销编辑：张紫懿

责任校对：杨　帆　　　　　　　　责任印务：程　琳

封面设计：尚燕平

电脑制版：杭州天一图文制作有限公司

印　　刷：杭州富春印务有限公司

开　　本：710毫米×1000毫米　1/16　　印　　张：16.25

字　　数：192千字　　　　　　　　插　　页：5

版　　次：2025年2月第1版　　　　印　　次：2025年2月第1次印刷

书　　号：ISBN 978-7-213-11711-4

定　　价：98.00元

序 一

战争与财政，两个原本不太容易让人联想到一起的概念，在国家这个层面上牢牢地绑定在了一起。徐一睿博士的这本新著《战争与政治》，从地缘政治开始，用远焦与特写结合的方式，以国家为单元，向我们呈现两者间的宏大叙事。综观人类社会发展史，虽然整体趋势是不断迈向文明社会的高级形态，但战争始终如一延续着历史的轨迹。随着国家的出现，战争规模更大了，烈度更强了，残酷程度更高了。可以说，一部人类社会发展史，就是一部人类社会战争史。

为什么会有战争？无论是早期的部落之间、城邦之间，还是后来的帝国之间，今天的现代国家之间，无论是宗教之间，还是种族之间，战争发生的逻辑主要有两个，一是争夺资源，二是争夺权力。正如徐一睿博士在这本书中提出的，即使在物质财富丰裕的今天，地缘政治纷争之下的战争也在世界各地不断爆发，这是国家作为一个政治实体存在难以踏出的"修昔底德陷阱"。但无论是争夺资源还是争夺权力，本质上都是源于稀缺性。资源是稀缺的，权力更是如此。解决稀缺性问题的方式通常有两个，一个是交换，另一个就是战争。前者是文明社会应有的方式，因为交换的方式遵循的是自由和公平，同时从整个人类社会看，也是符合效率的，所以能够增进人类福祉。也正因如此，市场经济才得以发展，自由贸易才得以实现。然而，拉长焦距，我们会发现，今天被大家认为理所当然的自由贸易和市场经济，在出现之初，却是霸权国家争夺资源的一种手段，这一手段却在歪打正着之后成为世界贸易的基本规则。虽然不能说这是无形之手的力量，但至少可以肯定，自由贸易，相对于通过战争掠夺资源，即使对霸权国家，也是一种既符合长远利益，也符合效率的划算选择。从这个角度说，即使在地缘政治依然高度紧张的今天，能够替代战争实现国家利益的方式，还是自由贸易。

然而，通过自由贸易获取资源虽然的确可以实现经济利益，但却不能展示自己的领导地位，或者更准确地说，是权力的力量。正如今天的中美之间，俄乌之间以及中东国家之间的冲突，并不在经济利益，而是在政治权力上，尽管各方也都清楚自由贸易、和平共处更符合两国人民的利益。通过徐一睿博士在书中引证的地缘政治研究专家们的讨论，我们可以清晰看到，只要还存在对政治权力稀缺性的争夺，地缘政治就不会退出。这一点已经深深植入西方政治家，甚至很多民众的意识之中，也正因如此，无论中国如何向世界承诺永远不称霸，西方世界始终都难以相信。就此而言，战争会不会消失？只要稀缺性还存在，战争就不会消失。现实告诉我们，稀缺性只会越来越严重，这就意味着，战争将会持续存在。除非一点，就是徐一睿博士在书中提到的科技发展，因为只有科技发展才有可能让稀缺性得到暂时缓解。

既然战争不可避免，国家就需要为战争做好必要准备，毕竟战争需要消耗大量的人力、物力、财力，没有必要的战争准备，迟早都会输掉战争，走向亡国之路。历史上一次次鲜活的案例一再诉说着穷兵黩武只会亡国的国家命运。从徐一睿博士的书中，我们看到，英国的霸权之路和日本的再军备之路，确保对外扩张或对外战争的财政需要，始终被置于重要的战略地位。从人类社会的战争史看，国家之间的战争拼的是财政，没有强大的财政，持久的战争最终都会走向失败。正因如此，徐一睿博士的这本专著为我们理解战争和财政的关系提供了常识性的史料信息。书中第二章对税收国家到债务国家的发展演化分析，第四章对第二次世界大战时期日本军事财政的呈现，都以生动翔实的叙述，向我们演绎出战争与财政相生相克的关系。强大的财政会助长战争的发生，至少会助长对政治权力的争夺，反过来，战争也可能会带来国家财政的充盈。英国、西班牙、葡萄牙等早期的殖民战争就是典型例子，也正因如此，这些早期的殖民侵略国家开始一步步走向了霸权，又一次次被新的霸权所取代。因为战争对原有的国家间财政进行了重新分配。由于对外战争能够抢占更多资源，后者又进一步助长对外战争的贪婪，所以战争还是一个具有惯性的公共活动。更为重要的是，战争这种公共活动还能够暂时凝聚人心，强化国家共同体意识。战争的这一功能被政治权力充分运用，政治家为了满足自己的权力欲望发动战争。向内宣扬威胁论和使命论就是国家对外发动战争前的常见舆论准备。然而，通过战争向外获取资源维系战争充满不确定性，只有国内的资源才是确定可靠的，所以动员一切可以动员的资源是发动战争和维系战争所必需的。例如，徐一睿博士在书中说，战时财政本质上就是动员一切财政资源为战争服务。为了动员财政资源，国家需要做出一些必要的体制机制改革，体制机制改革一般会在两个方面展开，一是针对现有的财源，通过改革征收制度、提高征收能力将财源最大化为财政收入。然而这种方式所能筹集到的战争支持毕竟有限，尤其是在短期，财源的现实约束非常强，而战争对资源需求的最大特点就是短时间的大量消耗，所以通过税收方式筹集战争资源与战争需要出现时间上的错位。为了解决这一问题，创新金融工具筹集更多债务收入成为必然选择，政治家们的这种战争需求直接催生了债务国家的出现。不过，根据徐一睿博士书中所述，无论是税收还是债务，都需要有相应的经济发展为基础，这就出现了体制机制改革的第二个方面，就是实施经济体制改革，激活民间力量。在这过程中，就有对企业家的重视和对产权的保护以及推进国内市场化改革等一系列扩大民间力量的举措。就此而言，对外战争，对国内而言，有时未必都是坏事，尤其是在民富国弱的国家，国家对外扩张的野心反而会在国内催生出自由民主化改革。所有这一切的背后，都是战争对财政的需要。所以，在这个意义上，战争推动了国内财政改革，财政改革又影响战争，而国家正是在这种交互关系中不断发生着变化。

不过，随着科技发展，战争的手段也在不断变化，随着社会力量的壮大，人权意识的增强，以及生命无价的社会认识的普及，尽管传统战争依然存在，但新的战争形式也在快速滋生，包括国家间的经济战、信息战和科技战、环境战等。从徐一睿博士的书中可以看到，这些新型战争形态一方面影响着国家间战争的资源消耗规模，让战争对财政动员能力的要求不断提高，另一方面也为国家财政提升对战争的支持能力提供了新的机会。和传统战争不同，经济战、信息战、科技战等这些新型战争具有更强的侵入性、隐蔽性以及对对方国家的破坏性。如果说早期发展起来的那些国家向世界倡导自由贸易，是为了打开对方国家国门，是为了从这些国家尤其是落后的资源大国获得廉价发展资源，那么虽然这的确也给这些国家带来了发展机会，但按照今天的新型战争形态来看，这也可以被理解为一种经济战。然而，今天已不同往昔，经济战正在以一种破坏性的方式出现，即"逆全球化"的经济封锁和技术封锁等形式。这些新型的战争形态也在塑造着国家的财政形态和财政改革形式，这一点在徐一睿博士的书中得到了很好诠释。

除了讨论战争与财政，徐一睿博士的这本书还提出了一些开放性问题，包括经济学对世界发展解释力的困境、军事与技术创新的关系、战争对国家共同意识的塑造等。这些开放性问题的提出，对包括经济学在内的相关学科发展都具有重要的启发意义。此外，本书也为我们提出了一个值得思考的发展问题，即怎样的财政治理可以限制政治家对外发动战争，激励国家从战争走向合作。

李永友

2024 年 10 月

序　二

　　徐一睿教授的大作《战争与财政》一书即将出版，嘱托我写一篇序言。我既感到惶恐，似乎自己并没有资格为他人的著作写序，又觉得义不容辞，因为多年来我一直在财政政治学与财政社会学领域受益于一睿教授，他也先后为我主持的译丛翻译了4本书。最终恭敬不如从命，勉力为之。

一

　　战争、财政与国家之间的关系，一直以来是财政社会学关注的重要主题。一睿教授用约20万字，聚焦于地缘政治与国家兴衰这一主题，探索战争财政在其中的角色。战争与财政二者之所以产生关系，是因为行政机构（特别是其中的财政机构）为了军事行动，需要不断地设法筹集人、财、物等各种资源；如果军事行动长期地进行，那么行政管理方式、国家政治制度甚至经济社会运行方式都会因筹集资源的行动而改变。就此主题，学界至少产生了两条互不排斥的路径，不同的学者在研究时各有侧重。

　　第一条是公共管理的路径，即探讨财政为战争行动筹集军费的不同方式。进一步而言，在历史上，同样处于战争的背景下，为什么有些国家越打越强，国家实力伴随战争而增强，而有些国家却越打越弱？在军事财政史中，这样的管理问题事实上早已得到反复的讨论；而且只要现实中战争不消失，该问题就会继续得到关注。我们能够看到的案例有：战国时期的秦，因军功爵位制和什伍编户制等制度能够有效地动员人力与物力，最终取得战争的胜利，但统一天下后很快二世而亡；三国时期的蜀汉，财政上除了征收部分田赋收入外，大量收入来自盐铁和蜀锦的专营，市场潜力有限、长期效率低下，国家实力伴随战争不断地削弱。在一睿教授的《战争与财政》一书中，分别讨论了英国和日本的战争财政策略：前者在议会同意下通过普遍征收工商税、举借公债，以及利用殖民地资源，最终取得帝国扩张的成功；后者通过提高税收、发行战争债券来支持军事行动，相对于同时的清代中国和沙皇俄国而言财政制度更加有效，因此取得战争的胜利，但不断展开的军事行动以及议会和公众无法有效地控制军事开支，又最终使其在第二次世界大战时遭遇惨败。

第二条是政治学的路径，即探讨国家如何因财政力量的塑造而成长，甚至因此走向现代。这样的理论议题所体现的财政手段、军事能力与国家建构之间的关系，早在财政社会学的理论传统中就得到比较充分的讨论。《新财政社会学》一书的编者将此传统称为财政社会学的第三条学科脉络，并指出此脉络揭示税收的社会后果主要是它对军事征服的重要性。[①]在《战争与财政》一书中，一睿教授运用了约翰·布鲁尔提出的财政军事国家概念来描述英国，认为英国长时期准备战争或从事战争对财政收支构成了压力，

---

① ［美］艾萨克·威廉·马丁等编：《新财政社会学：比较与历史视野下的税收》，刘长喜等译，刘守刚校译，上海财经大学出版社2023年版，第12页。

为了应对压力，更有效地筹集财政资源以供应战争，英国国家制度变革频繁，最终率先成长为现代国家。对于其中的因果关系，琳达·科利也有解释："在一个战争耗费越来越大的时代，发布革新的国家法律文本以更好地吸引多数臣民，确保国家的武装力量与税收，同时以某种关乎自由与福利的保障作为回报，对某些欧洲君主来说，不失为一种谨慎的做法，也是值得冒险的赌博。"[1]

二

对于战争与财政这样的主题，一睿教授特别运用了英国和日本两个案例，为我们详细展示了其中的历史过程与理论逻辑。与其他同类著作相比，除了用历史故事说理带来的强可读性之外，一睿教授的著作在地理范围上扩大到少有著作涉及的殖民地时期的印度和明治维新之后的日本，在时间范围上从早期近代扩展到当前正在发生的事件，在战争形式方面也从传统的热战扩充到非传统战争的形式（如贸易战、技术战）。从这一系列精彩的论述中，我至少得到两个启示。

第一，认识到时代的不同对于战争与财政的影响。在一睿教授的书中，我们既看到了近代英国从 18 世纪开始，因内部制度建设的成功而走上帝国扩张、殖民地掠夺的道路，并取得丰厚的利益，又看到了随着时代风云的变化，在 19 世纪末同样走上这条道路的日本，不但给中国乃至全世界带来灾难，也让本民族陷入深渊。进一步地，我们更要看到，在第二次世界大战之后，时代又

---

① ［美］琳达·科利：《战争、法律与现代世界的形成》，姚军译，民主与建设出版社 2024 年版，第 60 页。

发生了变化，就像以邓小平同志为首的老一辈政治家强调的，和平和发展成为当今时代的主题。虽然我们要牢记古人所说的忘战必危的教导，但我们更要警惕好战必亡的教训，同时还必须看到，当今的战争更多地可能会以贸易战、技术战等非传统形式展开。财政对于战争的支持，可能再也不是传统的大造坚船利炮以秀肌肉，而是采用非传统形式，在和平主义前提下巩固贸易地位、推动技术创新。

第二，加强议会审议预算的制度建设以赢得国家与社会在利益与价值两个方面的共容。通过英国与日本两个案例的对比，一睿教授展示了能否建立议会有效约束政府的财政制度，决定了战争财政的成败以及国家建设的方向。在立宪君主制下，英国由议会民主投票选举出来的领导人构成的政府，在利益和价值上同社会高度相容：首先，国家通过高明的税收手段和高效的行政机构，将工商业资源转化为政府的财政收入，依此打造出强大的军队，在世界范围内开展军事行动，获得了大量殖民地、战利品和自由通商特权等；其次，社会空间中工商业的巨量商品有了倾销的渠道，金融家们也能够将业务活动拓展至海外各国以赚取利润，凡此种种都切实符合国内各类群体的利益，尤其是有利于资本的扩大再生产；最后，特别地，借助于民主决议的议会制度，国家和社会在自由、民主等价值观上达到了那个时代最大限度的共容，并随着时间的推移，长久地保持正当性。而日本，按照一睿教授的说法，在19世纪末20世纪初建立的议会制度，虽然比起西方民主国家先天不足，但还是发挥了通过预算审议来监督政府的作用，包括审查和削减不必要的支出。由此那时的日本达到国家和社会一定程度的利益与价值共容，军队得到了比较强大的财政支持，能够长期作战并始终具备较高的士气。但在日本侵华战争期间，由于预算内容基本不透明，提交审议的预算细节极为粗略，议会无法对战争支出进行精细的审查和监督，公众无从了解这些资金的具体用途，更无法对军费使用情况进行负责任的监管。所以，日本之所以走上大规模对外侵略的道路并最终遭遇失败，其中一个无可回避的原因，便是不能建立起议会审议预算的制度。

三

当今的中国，面临着自改革开放以来从未有过的复杂局面。一方面，我们要坚持和平和发展的时代主题；另一方面，我们要有效地应对贸易战与技术战等非传统战争形式。为应对这样的局面，各学科都在做出自己的知识努力。相对来说，我们财税学者应该更加努力，这不但是因为战争、财政与地缘政治、国家兴衰密切联系在一起，正如一睿教授在书中所展示的，而且还因为如果有危机发生的话，那所有的危机最终都会转化为财政危机。《战争与财政》一书在此方面已经做出了突出的贡献、提供了宝贵的教益，因此这本书值得阅读，一睿教授的努力值得称赞。吾辈财税学者也当见贤思齐，深入研究财政与国家关系这一主题，为这个时代的中国贡献本学科的力量。

刘守刚

2024年9月

目　录

战争与财政的探索之旅

在探索国家的命运时，地缘政治、战争与财政这三个看似独立的领域实际上紧密相连，共同塑造了世界历史。地缘政治为战争提供了背景和动机，战争则是地缘政治意志的直接表现，而财政则是支撑战争和实现地缘政治目标的关键要素。本书旨在深入解读这三个领域的相互作用，聚焦于战争与财政的关系，探讨它们如何共同影响了全球政治、经济和社会的发展，以及两者在地缘政治格局中发挥的核心作用。

地缘政治作为一种考虑地理、政治和战略因素的综合分析方法，为我们理解国家行为提供了重要框架。然而，地缘政治目标的实现往往依赖于军事力量的运用和财政资源的调动。战争作为地缘政治的极端表现形式，不仅决定了国家的存亡和边界的更迭，也深刻地影响了国家的内部结构和社会组织的变迁。而财政，作为战争维持的血液和地缘政治目标实现的保障，则在这个过程中扮演着关键角色。

自古以来，战争一直是人类历史的重要组成部分，它不仅是地缘政治博弈的直接结果，也是塑造地缘政治格局的重要力量。战争，作为一种极端的政治行为，不仅体现了国家权力的运用，也展现了国家内部财政体系的强度与弱点。历史上的每一场大战，无不与财政密切相关。无论是为了战争而征税，还是通过借债来筹集战争资金，战争与财政之间的相互作用始终贯穿着国家的命运，并直接影响着地缘政治格局的演变。

从古代的城邦国家到现代的民族国家，战争的方式和技术虽然发生了变化，但战争背后的地缘政治动机和财政支持手段一直是决定战争成败的关键因素。在很多情况下，国家的财政实力直接决定了其军事实力，进而影响国家在地缘政治舞台上的地位。例如，英国在17世纪和18世纪之交，通过有效的财政管理和债务融资成为全球霸主，而美国在第二次世界大战之后，通过打造复杂的财政体系支撑庞大的军事开支进而成为超级大国。这些例子清晰地展示了财政实力如何转化为军事优势，并最终塑造地缘政治格局。

即便在和平时期，战争的影响也并未消失。它只是以不同的形式继续影响着世界各国的财政政策和经济发展，从而影响不同国家在地缘政治舞台上的表现。许多国家的军事开支在国家预算中占据了重要比例，对国家的财政健康和经济发展产生了深远影响。同时，就历史上来看，战争也促进了技术创新和产业发展，从而影响了国家的经济结构和社会进步，这些变化又反过来影响了国家的地缘政治地位。

在当今全球化的时代，地缘政治、战争与财政之间的联系变得越发复杂和微妙。随着国家间经济的深度融合，传统的大规模军事冲突的可能性正在减少，但同时，经济手段如经济制裁、贸易战、技术封锁等成为国际争端的新形式。这些非传统战争方式凸显了国家财政实力和经济策略在地缘政治博弈中的重要性，为国家间的竞争和合作带来了新的观察维度。

经济制裁作为一种非军事手段，已成为国际政治中施加影响的主要手段之一。形式为通过限制特定国家或组织的经济交流和金融活动以发动制裁，力图迫使对方改变其政策。这种方法的效果如何，往往取决于实施国的经济影响力和被制裁国的经济韧性。

与此同时，贸易战也成为国际关系中的关键要素。一个国家通过对进出口商品征收高额关税，试图保护本国产业或对其他国家施加政策压力。这种经济对抗不仅影响参与国家的经济，也对全球供应链和国际市场造成影响，牵动全球经济的稳定性。

技术封锁作为另一种经济手段，涉及对特定国家或公司的高科技产品和服务出口的限制。这种措施旨在削弱对方在关键技术领域的竞争力，同时保护国内产业的技术优势。技术封锁不仅影响被封锁方的经济发展，还可能加剧全球技术市场的竞争和分化。

此外，技术进步改变了战争的传统面貌。信息战和网络战成为现代战争的新形态。国家间的竞争已从实体战场转移到网络空间，信息安全和网络攻防成为现代战争的重要组成部分。为了应对这些新形式的战争，国家不仅需要投资于高科技军事装备，还需要加大在网络安全和信息技术上的支出。

在这个背景下，国家的财政战略和经济政策的重要性日益凸显。有效的财政管理和创新的经济策略成为国家保持国际竞争力和政治影响力的关键。同时，随着战争形态的演变，军事开支也越来越多地集中在科技研发和信息安全上，而非传统的武器和装备上。这种变化不仅对国家的财政安排提出了新的挑战，也在全球层面重塑了国际关系和权力结构。

全球化时代下战争与财政之间的关系不仅更加密切，而且更加复杂。经济手段的比拼成为国际政治的新战场，而技术进步则不断改变着冲突的形式和性质。在这种背景下，财政实力和经济策略成为各国在国际舞台上的关键资产。

本书通过探讨这些主题，揭示了战争与财政在历史上的相互作用，以及它们如何塑造了国家的政治、经济和社会发展。从古代的罗马帝国到现代的全球化世界，从欧洲的工业革命到亚洲的经济崛起，通过对不同时期、不同国家的案例分析，本书提供了一个独特的视角，让读者能够更深刻地理解战争与财政之间复杂而深远的联系。在接下来的每一章，笔者都将深入挖掘战争与财政的相互作用，展示它们如何共同塑造当时甚至当今世界各国的历史和命运。

本书通过对这些历史案例的深入分析，不仅揭示了战争与财政在历史上的重要性，也为理解当前国际政治和经济提供了新的视角。在全球政治经济日益复杂的今天，理解战争与财政的交织关系对于国家预测未来发展、制定有效政策具有重要意义。

通过历史的视角，本书用六个章节，揭示了战争和财政这两个因素相互作用、共同影响国家命运的历史与方式。这不仅是一部历史作品，更是一场关于政治、经济和社会相互作用的规律的深刻探索。

第一章"地缘政治的衰落与复兴"，深入探讨地缘政治的转变如何重塑了国际秩序，尤其关注大国之间的战略博弈。在全球化进程与地缘政治演变的交汇点上，笔者将分析地缘政治学的复兴对国际局势动态的影响，以及这种复兴如何体现在全球战略的各个方面。在全球化浪潮下，地缘政治的面貌正在经历一场深刻的变革。从20世纪末至今，我们见证了地缘政治由褪去理想主义光环，转而回归到以历史现实主义为基础的务实操作。这一转变不仅标志着全球政治力量结构的重组，也预示着新一轮国际秩序塑造的开始。本章探讨地理因素在全球战略中扮演的关键角色。从自然资源的分布到战略要地的控制，地理位置和地形对国家的外交政策和军事战略产生了深远影响。在多极世界中，这些因素是各大国间博弈的重要棋子。此外，笔者还将深入解析"修昔底德陷阱"及其对现代国际关系的意义，尤其是在中美关系的语境中。"修昔底德陷阱"理论，源于古希腊历史学家修昔底德的观点，描述了一个崛起中的大国和一个现有霸权国家之间不可避免的紧张关系。这一理论在解释当前中美关系的紧张和竞争方面，提供了一个独特且深刻的视角。

第二章"战争、国家与财政：演进与交互"，深入探讨了战争、国家和财政三者之间复杂而相互依存的关系。在人类历史长河中，战争不仅是国家之间权力斗争的直接体现，也是国家内部结构和财政体系发展的重要推动力。从古代帝国到现代民族国家，战争一直是国家权力展示和扩张的关键手段。笔者将探索国家是如何通过战争来巩固其权力，以及战争在国家制度发展和国界划定中的决定性作用。历史上，许多国家的形成和扩张都与其在战争中的成功密切相关，从罗马帝国的征服战争到近代的民族国家建立过程，皆是如此。此外，本章还将深入分析战争对财政体系的影响。在很多情况下，战争成为推动税收制度发展和完善的关键因素。为了满足战争的庞大开支，国家不得不寻求更有效的税收方式和财政管理策略。这种需求催生了税收国家的形成，同时也促进了现代公债制度和金融市场的发展。债务的产生和管理成为国家财政战略的核心部分，同时也影响了国家与市场、国家与公民之间的关系。战争对国家财政体系的影响还体现在对货币政策和经济结构的长期影响上。战争期间的金融需求和战后的经济重建，都对国家的经济政策和发展路径产生深刻影响。从这个视角来看，战争不仅是军事冲突，更是塑造国家财政和经济结构的关键因素。

在第三章"财政军事国家英国：自由放任主义的幕后"中，笔者深入探讨了19世纪英国作为一个财政军事国家的复杂历史和各种策略。这一章节首先分析了英国政府如何在国内实施"廉价政府"政策，同时在殖民地特别是印度进行大规模的军事支出，展示了英国如何将印度作为其全球霸权的经济支柱。印度不仅是大英帝国的"摇钱树"，其资源和财富更被广泛用于资助英国的军事扩张和全球影响力的建立。其次，本章进一步从历史角度剖析了英国财政对印度的依赖性，分析了英国如何通过对印度的经济剥削，包括征收重税和资源掠夺，巩固了其全球经济地位。本章揭示了这种依赖关系对印度社会经济结构产生的长远影响，以及对英国全球策略的塑造。同时，这部分也探讨了英国殖民政策对印度经济和文化的影响，以及这些政策背后英国的全球霸权野心如何在国际舞台上得到反映。最后，本章揭露了一个鲜为人知的事实，19世纪的英国在自由贸易的外衣下实际上采取的是保护主义政策。尽管英国宣扬自由贸易和市场开放，但在许多关键领域实施的是保护本国利益的政策。最后，本章深入分析了自由放任主义在英国政策中的实际应用，及其对全球经济格局的影响，并探讨了英国如何一边在国际舞台上维护其经济和政治利益，同时一边在国内推动经济和社会改革。

第四章"不受约束的力量：日本二战期间的军事财政"深入探讨了第二次世界大战期间日本的战争财政和军事支出管理。这一时期的日本通过独特的财政策略和预算体系支持其军事扩张，笔者试图探讨这些做法对日本后期经济和政策的深远影响。在这一章中，笔者首先追溯日本战争财政的历史发展。分析重点将放在日本如何构建和运用其财政体系来支持大规模的军事行动。这包括但不限于大量的军事开支、战时经济的重组，以及通过税收、债务和其他非传统手段筹集资金的策略。随后本章深入分析日本的战争预算体系，探讨它是如何在不受传统财政约束的情况下进行运作的。笔者探讨了日本政府如何通过直接和间接的方法动员国内资源，包括对民间经济的控制和国民储蓄的动员。这一部分还将讨论日本政府如何利用国家机器，包括宣传和政策手段，来支持其战争行动。此外，本章还分析了这一时期日本军事财政对其战后经济和政策的影响。战争结束后，日本面临着巨大的经济重建任务，这不仅包括物质意义上基础设施的重建，还包括对其经济和财政体系的根本重组。最后，笔者讨论了日本如何处理战争遗留的财政问题，包括巨额债务和战后的通货膨胀，以及这些问题如何影响了日本后来的经济政策和发展路径。

第五章"和平与安全：日本再军备背后的财政机制"，深入探讨了日本战后和平主义的历史根源及其在国家身份和国际形象中的深刻植根。笔者在本章回顾了第二次世界大战后日本长期遵循的和平主义政策，并分析了在冷战时期国际局势变化、地区安全威胁增加以及全球政治动荡的背景下，日本防卫政策的演变。本章特别关注日本国防预算的财政机制，尤其是日本政府设定的国防预算以GDP的1%为上限这一框架。详细阐述了这一政策随时间的推移如何调整和变化，特别是在安倍晋三首相执政以来，日本在强调提升国防能力过程中展开再军备背后的财政机制变革。

第六章"经济制裁、技术封锁与国家财政"，综合探讨了经济制裁和技术封锁作为现代国际政治中的两种重要手段，其运用方式及深远影响。笔者首先分析了经济制裁作为"无形战场"中的手段，在国际政治中的运用及其效果，详细讨论了不同形式的制裁，如贸易禁运和金融限制，以及它们如何被用来实现特定的政治目的。同时，笔者深入探讨了影响经济制裁成败的各种因素，以及经济制裁在特定环境下如何有效影响目标国家的经济和政治决策。随后，笔者试图探讨技术创新与军事需求之间的紧密联系，分析了诸如飞机、火箭、人造卫星、核能、计算机和互联网等关键技术的诞生和发展。这些技术的发展轨迹往往受到军事需求的深刻影响。同时，笔者强调了国家在技术创新中扮演的"企业家国家"角色，特别是在面对极端不确定性时，国家如何通过集中动员资源和推动集体行动来驱动技术创新。此外，本章还探讨了美国与中国之间的经济摩擦和技术封锁，说明了国家行为常受到安全、权力等因素的影响。最后，笔者讨论了国家财政在技术创新和国际竞争力构建中的重要作用，指出国家财政往往是技术创新的推动者、经济稳定和增长的守护者，以及人才培养的基石。

笔者在本书中探讨了战争与财政在历史进程中的交错影响及其对国家命运的深远影响。本书所及从古代城邦到现代国家，涵盖了从经济制裁到技术创新的广泛话题，每个章节都旨在揭示战争与财政之间复杂互动的一个关键点。本书不仅关注历史，还探索政治、经济和社会动态的相互作用，通过分析不同时期和地区的具体案例，帮助读者理解战争与财政之间复杂的联系，以及两者如何共同影响国家的政治、经济和社会发展。希望本书不仅能够为历史研究者提供相应的研究帮助，也能为政策制定者、经济学家和广大读者提供一个理解当今世界复杂国际关系和经济动态的新视角。

第一章

地缘政治的衰落与复兴

理想的终结，历史的回归

一、地缘政治学的复兴与当代国际动态

地缘政治学这门古老的学问在全球化程度加深和技术大发展的今天重新得到关注。这一理论在冷战结束后不久似乎被边缘化了，似乎成了过时的观念，但最近的国际政治动态再次证明了它的重要性。

在冷战结束后的20多年中，特别是在西方国家，地缘政治学似乎逐步被气候变化、人权、法治和贸易自由化等全球议题所替代。人们乐观地认为我们正在进入一个更开放、互联的世界，国家间的界限将变得模糊，军事力量的对立将不再是国际舞台的主要议题。但这种想法只是一时的错觉。随着新兴大国的崛起和老牌强国的复兴，地缘政治学再次成为国际舞台上的核心议题。美国、俄罗斯、中国、欧洲、日本、印度和伊朗等国家和地区在其领域内展示了强

大的影响力，争夺资源、战略位置和政治影响力，这些都是地缘政治学的核心。

沃尔特·拉塞尔·米德（Walter Russell Mead）在《地缘政治学的复兴：修正主义力量的复仇》一文中对此进行了深入探讨。①他指出，那些对冷战后的世界充满乐观的人们现在对复杂的国际形势感到迷茫，因为他们忽略了美国在1990年代初所享有的独特地缘政治优势。在那时，美国在欧洲、中东和亚洲都取得了显著的影响力，这为其全球霸权的建立创造了条件。许多西方观念错误地认为，冷战结束后美国的世界支配地位是因为自由民主主义战胜了苏联的社会主义。他们以为这一胜利不仅标志着社会主义的终结，也意味着地缘政治学的结束。然而，地缘政治学始终是国际政治的核心要素，只是有时会被其他议题所掩盖。

21世纪初的10年里，欧洲、中东和亚洲的地缘政治局势表现出明显的不稳定性。米德指出，这种不稳定性背后，是俄罗斯、伊朗和中国这三个重要的国际大国在努力挑战和修正冷战后的国际秩序。他认为，俄罗斯渴望恢复苏联时期的辉煌和影响力，重塑其在国际舞台上的地位；伊朗有意控制中东地区，取代沙特阿拉伯等逊尼派国家，成为地区霸主；中国则希望减少美国在亚洲的影响力，重新确立其在该地区的优势地位。尽管在许多问题上存在分歧，这些国家在反对美国领导地位上有共同的立场和目标。然而，米德关于地缘政治复兴的观点并非没有人提出异议。著名的自由主义国际政治学者G.约翰·伊肯伯里（G. John Ikenberry）在其文章中对米德的观

---

① Walter Russell Mead, "The Return of Geopolitics: The Revenge of the Revisionist Powers," *Foreign Affairs*, Vol.93, No.3, 2014, pp. 69–79.

点提出了尖锐的批评。①伊肯伯里认为，米德高估了这三个国家挑战美国领导地位的力度，并低估了美国的综合国力。

首先，伊肯伯里指出，尽管米德对这三国可能在欧亚大陆形成对抗美国的势力表示担忧，但他没有充分考虑实际情况。虽然美国可能已经过了霸权的顶峰，但不论在军事、经济还是技术领域，都保持着压倒性的优势。从地缘政治的角度看，美国的地理位置、资源和盟友网络领先于其他三国。其次，伊肯伯里认为米德对这三国合作可能性的乐观看法并不现实。实际上，这三个国家在许多关键地区和议题上存在分歧和对立，如叙利亚、乌克兰等，这阻碍了它们形成有效的反美联盟。最后，伊肯伯里强调，"自由的国际秩序"更具有吸引力和韧性。许多国家，包括一些大国，仍然认为维持这种秩序对他们的国家利益有益。因此，尽管面临挑战，"自由的国际秩序"依然有望得以延续。

在国际关系论坛中，伊肯伯里因其深刻的思考和独特的见解而备受瞩目，尤其是在对米德关于美国主导的世界秩序终结的观点提出批评时，展现了自己对地缘政治的独到理解。他的文章《地缘政治的幻想》虽然看似否定地缘政治，但在深入分析后，人们会发现他实际上是在强调地缘政治在某些情境中的必要性和价值。

首先，必须认识到美国的地理位置赋予了其独特的战略优势。广阔的太平洋和大西洋环绕着美国，使其与主要的竞争对手没有直接的陆地接壤。这一点在20世纪让美国得以在相对和平的环境中发展其经济和军事力量。随着冷战的结束，美国没有遭遇其他大国的直接威胁，自然而然地成为唯一的超级大国。

---

① G. John Ikenberry, "The Illusion of Geopolitics: The Enduring Power of the Liberal Order," *Foreign Affairs,* Vol.93, No.3, 2014, pp. 80–90.

这种地理上的隔离，不仅在军事上为美国带来优势，而且在经济和文化上也为美国创造了无数机会。美国通过与欧洲、亚洲和中东的交往，确保了其经济利益和政治影响力。这也是美国历来支持开放政策、反对帝国主义和殖民主义的原因。美国提倡的所谓"普世价值"观，如自由、民主和人权，实际上是其外交政策的一部分，目的是创造一个友好的国际环境。

米德认为美国在享受这种自由国际秩序的同时，忽视了传统地缘政治的重要性。而伊肯伯里则认为，美国之所以能成为这个秩序的领导者，正是因为它充分利用了自己的地缘政治优势。伊肯伯里认为，对于大多数国家来说，遵循国际规则就足够了，但对于像美国这样的大国，地缘政治才是关键。

然而，在进一步分析伊肯伯里的观点后会发现两个明显的不足。首先，他似乎高估了美国的全球综合实力。他认为美国在军事、经济和技术上无与伦比，而中国、伊朗和俄罗斯等国远不如美国。尽管美国在绝对实力上仍然是世界首屈一指的超级大国，但这并不意味着它能够单独维持一个完全自由的国际政治经济秩序。中东的动态就是一个明显的例子，美国的局限性在那里显而易见。例如，美国曾经利用其军事实力推翻了阿富汗的塔利班政权和伊拉克的萨达姆政权。然而，在这些国家的重建过程中，美国并未实现显著的成功。特别是在2021年，美国总统拜登决定将美军从阿富汗撤出，结束了持续近20年的冲突。这一撤军行动导致曾在美军打击中失势的塔利班重新掌握了政权。在如此复杂、分裂且对外国干预持敌对态度的地区，即使是像美国这样的超级大国也难以实现自己的政治目标。2023年10月7日，巴勒斯坦伊斯兰抵抗运动（哈马斯）对以色列发动突袭，造成大量平民伤亡和人质被劫。以色列随即对加沙展开军事行动，导致严重的人道主义危机。美国坚定支持以色列自卫，但其中东政策因偏袒以方和未能有效保护平民而受到批评。冲突持续升级加剧地区紧张局势，引发全球关注。尽管在军事方面，美国以以色列为中心的中东战略依然保持强势，但其在道义上一边倒的做法已经遭到了国际社会的指责。

其次，伊肯伯里过于强调美国在构建和维持全球秩序中的不可替代性。他认为，尽管2008年的全球金融危机损害了以美国为主导的自由国际经济秩序的信誉，但其他大国，如中国或俄罗斯，并没有能力建立一个替代性的国际秩序。这一观点在一定程度上是合理的，但它忽视了一个关键事实：如果美国主导的秩序失去了合法性，并且没有其他大国愿意或有能力建立一个新秩序，那么更可能的结果不是美国秩序的进一步巩固，而是国际秩序陷入混乱。在这种情形下，国家可能会为了争夺领土、资源和影响力而发生冲突，从而加剧地缘政治的紧张局势。伊肯伯里虽然为我们提供了一个关于美国地缘政治地位的有益视角，但他在面对现实世界的复杂性时似乎过于乐观和简化。考虑到国际政治的复杂性和不确定性，仅依靠一个超级大国来维护国际秩序似乎是不够的，尤其是在这个大国自身也面临诸多挑战和限制的情况下。

二、大国博弈与国际秩序

在米德和伊肯伯里之前，美国学者兹比格涅夫·布热津斯基（Zbigniew Brzezinski）在1997年发表的《大棋局：美国的首要地位及其地缘战略》（中译本于1998年由上海人民出版社出版）一书中，对冷战后的世界形势进行了深入分析，并为21世纪的美国提出了一套前瞻性的全球战略。

布热津斯基首先评估了日本的情况。他指出，日本这个东亚的"巨人"，尽管历史悠久、文化丰富，但在地缘政治上却面临被孤立的困境。由于其地理位置，日本与亚洲大陆保持了一定距离，加上历史上的各种矛盾，使得日本难以成为亚洲的领导者。因此，布热津斯基建议美国鼓励日本将视野扩展到全球范围，而不仅仅局限于亚洲。这样，日本就能够帮助美国维护和扩展其全球利益，而不只是作为一个区域性的力量。

他接着讨论了中国这个崛起中的大国。布热津斯基认为，尽管中国在经济、文化和军事方面的实力不断增长，但在可预见的未来，它还无法在全球范围内与美国形成真正的竞争对手关系。然而，这并不意味着美国可以忽视中国在亚洲，特别是在东亚的重要性。他建议美国应该视中国为一个能够稳定东亚局势的区域性大国，并通过与日本的联盟来平衡中国的影响力。不过，他也警告说，美国不应与日本建立过于紧密的军事联系，以免损害与中国的关系。

布热津斯基提醒道，如果美国决定削弱或解除与日本的联盟，这可能会促使日本重新军事化，进而破坏亚洲的力量平衡。为了避免这种情况，美国需要在日本和中国之间扮演平衡者的角色，以确保亚洲地区的稳定与安全。布热津斯基的思考深深影响了美国的大战略。他从地缘政治的角度出发，深入探讨了世界格局的动态，并为后冷战时代的美国指引了方向。布热津斯基警告说，如果俄罗斯、中国和伊朗三国能够结成一个反美联盟，并成功地将美国从欧亚大陆上驱逐，世界将可能陷入混乱。他认为，如果出现这种情况，全球的稳定和秩序都会面临威胁。

美国的战略在很大程度上是根据布热津斯基的理论制定的。自冷战结束以来，美国一直致力于在全球范围内维护和扩大"自由的国际秩序"。布热津斯基强调，这种"自由的国际秩序"是建立在地缘政治的基础结构之上的。尽管许多人只将全球化视为一种表面现象，并认为地缘政治已经不再重要，但布热津斯基认为地缘政治仍然是国际关系的决定性因素。

随着时间的推移，布热津斯基所描述的冷战后的地缘政治结构开始显示出裂痕。特别是从2010年开始，美国在欧亚大陆的地缘政治优势开始显著削弱。美国曾在冷战结束后从东、西、南三个方向成功地支配欧亚大陆，但近年来这三个方向几乎同时出现了不稳定。米德也指出，这种不稳定性可能会对美国的全球霸权地位构成威胁。

当特朗普在2017年就任美国总统后，全球局势变得更加复杂和不稳定。马克·埃斯珀（Mark Esper）曾在特朗普任期后半段担任美国国防部部长，他在其著作《一触即发》①中深入揭示了特朗普政府处理国际争端的内幕。在这种动荡不断的政策制定环境中，美国面临的地缘政治挑战变得更加严峻。所有的理想似乎都走向了终点，历史的车轮仿佛在倒转，地缘政治的重要性在当今世界重新凸显。

在目前的国际政治舞台上，地缘政治的争端和对立正在加剧。中美关系的紧张、俄乌冲突以及中东地区长期以来的巴以冲突，都是需要关注的焦点。中美关系一直是国际关系的重要组成部分，在经济、政治和军事方面双方都具有强大的影响力。近年来，两国在多个重要议题上的分歧导致了对立加剧，对全球稳定和和平构成了挑战。

同时，俄乌冲突也吸引了国际舆论的广泛关注。有分析认为美国在这场冲突中占据了上风，成功地阻碍了欧洲与俄罗斯间的一体化进程，给欧元带来了打击，从而削弱了俄罗斯的地位。然而，这场"胜利"并非没有代价，乌克兰成了牺牲的"棋子"。

在中东地区，巴以冲突已经持续了数十年。尽管巴勒斯坦伊斯

---

① Mark Esper, *A Sacred Oath: Memoirs of a Secretary of Defense During Extraordinary Times*, William Morrow, 2022.

兰抵抗运动（哈马斯）对以色列的袭击遭到了国际社会的谴责，但以色列对巴勒斯坦土地的侵占和对巴勒斯坦人民的暴力行为也长期受国际社会的指责。在2023年10月的冲突中，以色列在以美国为首的G7国家的支持下，对加沙地区的平民进行了大规模的军事打击，从而导致大量妇女和儿童的伤亡，这一行为引来国际社会的广泛批评。

美国对中东的政策一直处在国际舞台的聚光灯下。美国坚定支持以色列，并积极推动以色列与沙特阿拉伯等国的外交关系。但这种带有偏向性的政策在伊斯兰世界中引起了强烈不满，特别是在2017年12月，当时的美国总统特朗普宣布美国承认耶路撒冷为以色列首都，并将美国驻以色列大使馆迁至耶路撒冷，这一决策激起了伊斯兰世界广泛的反弹。

伊朗，作为伊斯兰世界的一个军事和政治大国，尽管与巴勒斯坦阿拉伯人在文化上有所不同，却在反对以色列和支持巴勒斯坦的立场上持有共识。1979年的伊朗革命改变了该国的政治格局，并导致美伊关系急剧恶化。伊朗的政策和立场在很大程度上都是对抗美国影响力的体现。

在特朗普总统任期内，美国与伊朗的对抗升级到新的高度。2018年5月，特朗普政府退出了2015年伊朗核协议，并实施了一系列经济制裁，严重损害了伊朗经济，但这并未迫使伊朗放弃核计划或其在中东的代理人战争。2020年1月3日，美军在伊拉克巴格达国际机场发动空袭，致使伊朗高级将领卡西姆·苏莱曼尼丧生。这一事件进一步加剧了美伊之间的紧张关系，使得中东地区局势变得更为紧张。苏莱曼尼是伊朗军事力量中的关键人物，他的死亡被视为美国对伊朗的重大打击，美伊之间的敌意因此加深。

布热津斯基所担忧的中俄伊之间紧密合作的关系，在国际地缘政治的波动中似乎正在慢慢形成。虽然中国、俄罗斯和伊朗在许多方面有所不同，但他们的利益交集和互补性正在促成合作的产生。中国强大的生产能力与伊朗丰富的能源资源之间存在互补性，而俄罗斯所能提供的军事技术和核能力，使得三方在地理、经济和军事上都有巨大的合作潜力。

地缘政治学家长久以来一直关注力量在全球如何分布。特别是在20世纪初，英国作为海洋大国，通过海上力量确立了其全球霸权。在此背景下，麦金德在他的《历史的地理枢纽》中提出了欧亚大陆陆地力量中心的理论。1904年，麦金德提出他的理论时，正值大英帝国的鼎盛时期。他的观点在当时是颠覆性的，认为未来的霸权将基于陆地控制，尤其是欧亚大陆的内陆地区，而不是海权。这种观念的转变主要是由于运输技术的革新。以前，马匹和骆驼作为陆上运输工具无法与海运相比。但随着火车和铁路技术的发展，陆上运输效率大幅提高。这使得陆地在地缘政治中的地位得到重新评估。尽管麦金德强调了陆权的重要性，但实际上，在20世纪的大部分时间里，海权仍是国家间实现霸权的主要方式。美苏两个超级大国虽也在争夺陆地控制权，但他们更依赖海上和空中力量。

麦金德的地理枢纽论激发了后来许多地缘政治学家的思考，陆海权的较量成为历史的一个重要议题。但直到21世纪，这些理论才开始得到实际的验证。布热津斯基的忧虑再次强调了陆权的重要性。同时，中国的崛起和中国的"一带一路"倡议无疑为陆权论提供了有力证据。"一带一路"倡议的战略意义远超其经贸目的，对地缘政治产生了深远影响。美国，作为世界的超级大国，其地缘政治策略也在间接地支持这一新的陆权论。在美国的战略压力下，欧亚大陆的关键国家，尤其是中国、俄罗斯和伊朗，开始寻求更紧密的合作，形成跨越欧亚的新地缘政治枢纽。地缘政治的复兴不只是历史的回声，更是现实与理想的交汇。

陷阱中的霸权："修昔底德陷阱"的现代解析

一、地理因素与全球战略

地缘政治学是一门集合了地理、政治、历史和经济等多个学科的综合性学科，它将地理位置、资源分布和地理环境与国家的政治行为及国际关系相结合，为我们理解世界提供了独特的视角。这个视角认为地理位置和地理环境对国家的外交政策和战略选择产生关键影响。

首先，地缘政治学强调地理位置的重要性。国家的地理位置，包括与其他国家的接壤关系以及与主要交通路线的相对位置，都可能对其外交和安全政策产生显著影响。例如，位于战略要道上的国家可能会更加重视其安全议题，而内陆国家则可能更加关注与邻国的经济合作。

其次，资源分布是地缘政治学的另一个重点。特别是石油、天然气和矿产等稀缺资源对国家的经济发展和安全至关重要。国家可能会采取从经济合作到军事干预等各种手段来确保对这些资源的稳定供应。例如，资源丰富的国家可能会成为大国的竞争焦点，而资源匮乏的国家则可能寻求通过外交途径来保障其经济安全。

最后，地理环境，如气候、地形和水资源，也可能影响国家的政策决策。例如，缺水国家可能会更加重视跨境河流的管理与合作，山区国家则可能更关注边界安全和基础设施建设。环境变化，如全球变暖，也会对国家的政策产生影响，如对农业、渔业和能源等方面政策的影响。

地缘政治学不仅关注国家的物理位置和资源，还关注国家的历史、文化和政治结构如何与其地理环境相互作用。这种综合分析帮助我们理解国家为何采取特定的外交和安全政策，以及这些政策如何影响国际关系。

科林·格雷（Colin S. Gray）的名言："所有的政治学都是地缘政治学。"①这句话深刻地揭示了地理因素在政治决策中的核心作用。地缘政治学通过研究国家的地理位置、资源分布、地理环境等因素，解析了国家间的竞争、合作与冲突。这一学科的分析框架对于理解国际关系和国家行为提供了重要的视角。

地缘政治学的核心在于理解国家如何为了控制领土和资源进行斗争。在军事和战略方面，它为解释国家间的竞争和冲突，特别是在解释为何某些地区成为国际战略焦点方面，提供了理论基础。19世纪末到20世纪初的帝国主义时代，是地缘政治学发展的关键时期，这个时期西方列强的全球野心与地缘政治学紧密相连。在这个动荡的时代，英国等大国试图扩大其全球势力，导致了诸如英德两国间的领土和海权竞争，这些竞争最终导致了第一次世界大战的爆发。

第一次世界大战不仅标志着英国霸权的结束，也为新的国际秩序的形成铺平了道路。战后的凡尔赛体系试图建立一个新的和平秩序，但该体系内在的结构性问题，尤其是对德国的惩罚性条款，激化了德国的民族主义情绪。在这个背景下，地缘政治学成为国家分

---

① Colin S. Gray, "Inescapable Geography," in Colin S. Gray, Geoffrey Sloan(eds.), *Geopolitics: Geography and Strategy*, Frank Cass Publishers, 1999, p.164.

析外部环境和制定战略的重要工具。

然而，地缘政治学的历史也充满了争议。特别是在纳粹德国时期，该学科被用作支持德国侵略扩张政策的理论基础。这种滥用使得战后地缘政治学在学术界受到了广泛的批评和否定。

尽管有着复杂的历史，地缘政治学作为分析现代国际政治的工具仍然具有重要价值。在当代的国际环境中，理解地理位置、资源和领土对国家外交政策和军事策略的重要性依然是关键。例如，对于资源丰富的地区如中东，国家间为了能源资源的控制而展开的竞争和合作，就可以通过地缘政治学的视角来解析。

此外，地缘政治学也为理解地区性冲突和国际合作提供了框架。比如在亚太地区，国家间的领土争端和海洋权益的斗争，都可以通过分析各国的地理位置、历史背景和战略需求来更好地理解。同样，在非洲和拉丁美洲等地区，国家的地理位置和资源分布对于地区安全和发展也起着决定性作用。

地缘政治学在当代国际关系研究中的重要性还体现在其对新兴问题的关注上。随着全球化的深入和新技术的发展，网络空间、极地开发、太空探索等新兴领域，都成为地缘政治学的新研究对象。这些新问题的出现，使得地缘政治学的研究范围和深度不断扩展。

地缘政治学虽然在历史上遭遇过挑战和批评，但其在解析国际政治和国家行为方面的重要性不容忽视。它为我们提供了一个全面、深入的视角，帮助我们理解国家行为背后的地理逻辑，及其对国际关系的影响。

二、霸权竞争与国际秩序的变迁

地缘政治学的发展和复兴，特别是在战争与霸权竞争的历史背景下，源自对当前国际形势的深刻反思。当大国的力量格局发生重大变化时，往往伴随着国际关系的动荡和紧张。这种动态与历史上的霸权转移紧密相关，通常通过战争来实现。罗伯特·吉尔平（Robert Gilpin）在《战争与世界政治的变化》中深入探讨了这个议题。他提出，当一个霸权国家的衰落与另一个国家的崛起相遇时，两者之间的竞争和摩擦不可避免，可能导致战争。这种战争，被称为霸权战争，目的是重新确定国际关系中的主导地位。[①]

历史上有多个例子证明了这一理论，如在伯罗奔尼撒战争中斯巴达成功挑战并最终战胜了雅典，夺取了海上霸权地位，第二次布匿战争中的罗马与迦太基的冲突，以及近代的三十年战争、路易十四的战争、法国大革命和拿破仑战争以及两次世界大战。在这些冲突中，旧的霸权国家与新兴大国为了国际秩序和霸权地位展开了激烈斗争。

在人类历史的漫长河流中，霸权的争夺一直是引发国家间战争的核心因素。过去500年的历史中，霸权国家与新兴大国之间的直接竞争发生了16次，其中12次竞争最终导致了战争的爆发。这一现象被格雷厄姆·艾利森（Graham Allison）称为"修昔底德陷阱"，这个术语暗示当一个新兴的强国挑战现有的霸权国家时，战争的发生是高度可能的。[②]这个概念的名字来源于古希腊历史学家修昔底德，他在其著作中描述了雅典（当时的霸权国家）和新兴的斯巴达之间的对抗，这场对抗最终导致了持续多年的伯罗奔尼撒战争。因此，艾利森使用"修昔底德陷阱"这一术语来形容如今类似的国际竞争情况。

---

① Robert Gilpin, *War and Change in World Politics*, Cambridge University Press, 1981, p.197.

② Graham Allison, "The Thucydides Trap: Are the U.S. and China Headed for War?" *The Atlantic*, September 24, 2015.

但深入研究这16个历史案例可以发现，并非所有的竞争最终都演化成了战争。例如，1989年柏林墙的倒塌标志着冷战的和平结束。这是一个明显的例子，表明通过外交和合作，国家间的对立可以和平解决。

在21世纪的今天，随着中国的崛起，中美关系成为全球关注的焦点。艾利森的"修昔底德陷阱"理论引起了人们的担忧，他们害怕中美之间的冲突，导致历史可能会重演。然而，需要注意的是，两国都清楚战争的代价是巨大的，并且在全球化的今天，中美两国的经济已经紧密相连，战争不仅会影响两国，还可能对全球各国造成极大的损失。在讨论中美关系时，我们不能忽略那些寻求和平与合作的声音。美国前国务卿亨利·基辛格（Henry A. Kissinger）也曾在《外交事务》杂志上发表文章，强调中美关系中的冲突并非不可避免，双方的外交努力可以阻止冲突的发生。[①]

无论是艾利森强调的"修昔底德陷阱"，还是基辛格关于避免中美之间冲突的观点，都反映出一个明显的现实：随着中国的经济增长、技术进步和工业发展，美国对中国崛起的忧虑日益增加。

回顾1979年中美建交之时，中国仍然是一个贫穷的国家。根据世界银行的数据，当时中国的人均GDP仅有156美元。相比之下，当年撒哈拉以南非洲国家——通常被视为世界上最贫困地区，平均人均GDP为490美元，几乎是中国的3倍。中国的总GDP仅为2119亿美元，全球排名第九，不足美国GDP的9%。

然而，如今，情况已经彻底改变。诺贝尔经济学奖得主保罗·克鲁格曼（Paul Krugman）在他的《纽约时报》文章中针对中美的经

[①] Henry A. Kissinger, "The Future of U.S.–Chinese Relations: Conflict Is a Choice, Not a Necessity," *Foreign Affairs*, Vol.91, No.2, 2012.

济规模作探讨。他指出，如果按照2022年当地货币计算中国和美国的GDP，并以市场汇率转换成美元，中国的GDP高达18.1万亿美元，而美国为25.5万亿美元。这表明中国的GDP已升至美国的71%。但同时他认为，这种直接比较并未考虑到两国之间商品价格的差异。他指出如果考虑到两国生活成本的差异，按购买力平价（PPP）调整GDP，中国的经济规模实际上已经超过了美国。[①]

桥水基金创始人瑞·达利欧（Ray Dalio）在《原则：应对变化中的世界秩序》一书中，以深入的视角探讨了过去500年全球权力和财富的重大变化。他基于对历史大数据的分析，特别是研究了荷兰帝国、大英帝国和美国这三个帝国的兴衰历程，揭示了这些帝国的兴衰反映出的权力和财富变化背后的普遍模式和因果逻辑。

瑞·达利欧在其研究中强调了决定国家财富和权力的八大关键因素，包括教育、竞争力、创新和技术、经济产出、世界贸易份额、军事力量、金融中心实力以及储备货币地位。综合这些因素，他揭示了国家兴衰的大周期。

荷兰帝国是一个典型例子，1625—1795年，它超越了哈布斯堡王朝和中国，成为世界上最富裕的帝国。荷兰的黄金时代大约始于1650年，在教育、竞争力和创新技术等方面的卓越表现，极大地提升了其经济和军事实力。

接着是大英帝国，从17世纪早期开始崛起，至1800年，英国在教育、创新技术和竞争力上的出色表现带来了显著的经济增长，并巩固了其全球贸易和军事上的地位。伦敦随后成为世界金融中心，英镑也取代了荷兰盾，成为全球的储备货币。

---

① Paul Krugman, "Wonking Out: How Super Is Your Superpower?" https://www.nytimes.com/2023/08/11/opinion/china-us-economy.html.

同样，达利欧也剖析了美国从19世纪至今的发展轨迹。他指出美国在此期间经历了一个显著的上升周期，迅速超越英国成为世界上最有影响力的国家。美国的崛起不仅仅在经济上，而且在全球政治、军事和文化等多个领域均取得了突出成就。然而，达利欧警示，没有任何帝国能永远处于顶峰。虽然美国在金融中心地位和外汇储备方面仍然强大，但在教育、竞争力、创新和技术、经济产出、世界贸易份额及军事力量等关键领域出现了不同程度的衰退。

达利欧对中国的发展也进行了评估。他将中国的崛起与荷兰、英国和美国等历史上的大国进行了比较，并深入探讨了中国的实力指标。他指出，中国的发展模式与这些国家有显著不同。中国经历了长达数百年的衰退，但自1980年以来，特别是在经济竞争力和贸易方面，中国显示出了迅猛的增长势头。

中国现已在许多领域与美国比肩，无论是在贸易、经济产出还是技术创新方面，都已站在世界前列。中国不仅是军事大国，还在教育方面迅速崛起，培育了大量人才以支撑未来发展。尽管在金融领域中国相对年轻，且在货币储备和金融中心地位方面还存在不足，但其地位正迅速提升。

三、中美关系与"修昔底德陷阱"

达利欧利用图表清晰地展示了各大国相对地位的变化，从他的图中可以清晰地看到，随着美国相对地位的下降，中国的地位正在迅速上升。[①]达利欧的这些观点不仅基于他作为投资者的经验，还基于对海量数据的分析。他提供了一个基于数据的新视角，来观察中

---

① ［美］瑞·达利欧：《原则：应对变化中的世界秩序》，刘波等译，中信出版集团2018年版，第317页。

国的崛起以及它与历史上其他大国相对地位的变化。

自邓小平时代以来，中国一直遵循"韬光养晦"策略，在国际舞台上保持低调，集中精力发展经济和技术，避免引发外部冲突。这一策略的目的是在和平的国际环境中促进国内的成长。然而，随着中国经济的快速崛起，以及在国际上的影响力日益增长，这种策略似乎已不再适用。中国现在必须面对更为复杂的国际关系，并直接参与全球事务。

达利欧在他的著作中对当前的中美关系进行了深入分析。他认为，现阶段中美关系已经进入了一个充满冲突和对立的新时期。这种对立不仅存在于经济和贸易领域，还涉及技术、地缘政治、资本、军事等多个层面。达利欧还进一步区分并定义了七种不同类型的战争，包括贸易战、技术战、地缘政治战、资本战、军事战、文化战和自我战争，其中军事战是最危险的形式。美国国防部前部长马克·埃斯珀在其著作《一触即发》中明确表示："我的首要任务，我们的目标是，当威慑失败时，能够打赢我们国家的战争。我关注的焦点首先是中国，然后是俄罗斯。"这些紧张关系标志着中美互动进入了一个潜在的紧张阶段，步入所谓的"修昔底德陷阱"的可以性提高。

约翰·米尔斯海默（John J. Mearsheimer）作为进攻性现实主义国际关系理论的著名学者，他的看法对理解国际政治具有重要启发。米尔斯海默视国家为国际体系中的主体，首要目标是维护自己的生存和安全。在这一框架下，大国不仅要增强自身实力，还要在自己的地理区域内确保拥有决定性的影响力。[1]

---

① John J. Mearsheimer, "China's Unpeaceful Rise," *Current History*, April, 2006, pp.160–162; John J. Mearsheimer, "The Gathering Storm: China's Challenge to US Power in Asia," *The Chinese Journal of International Politics*, Vol.3, No.4, 2010, pp.381–396.

在19世纪后半期，美国以迅雷不及掩耳之势崛起，开始在国际舞台上扮演日益重要的角色。美国实施的门罗主义政策旨在保护西半球，特别是拉丁美洲，不受其他大国，尤其是欧洲列强的干预。这项政策在一定程度上确保了美国在该地区的主导地位，并为其日后的崛起打下了基础。

对比之下，21世纪的中国在国际政治中的角色同样经历了显著的变化。随着经济快速增长，中国已成为全球最重要的国家之一。其在国际舞台上的行动吸引了全球的关注。一些观察家认为，中国可能会采取与19世纪的美国类似的策略，在东亚地区确立自己的领导地位。

然而，这并不意味着中国必然会与其他大国产生直接冲突。随着国际政治格局的演变，国家间的竞争可能更多地在经济、文化和技术等非军事领域展开。为了维护地区霸权，中国可能会采取各种策略，如加强与周边国家的经济合作、推动区域一体化、增强军事力量等。

尽管中国在21世纪初提出了"和平崛起"的概念，声称不追求霸权，但有人认为从现实主义的视角看，这可能只是一种战略选择。如米尔斯海默等进攻性现实主义者就认为，无论美国、俄罗斯还是其他任何大国，都可能在某些条件下采取挑衅行为，以确保自身利益。

地缘政治与经济学的交融

一、地缘经济学的兴起

地缘政治学与经济学之间的关联在近几十年成为国际关系和国际经济学的核心议题。这两个领域传统上被视为拥有独立的研究方向，但全球化的进程和国家间日益加深的相互依赖已经使得它们之间的联系变得更加紧密。达利欧提出的包括贸易战、技术战和资本战在内的七种战争形态，凸显了经济与政治领域之间紧密相连的关系。这导致了"地缘经济学"这一新学科的出现。这一新学科试图揭示经济与地缘政治如何互相作用以及它们如何塑造国际关系。

爱德华·霍列特·卡尔（Edward Hallett Carr）在其著作《二十年危机1919—1939：国际关系研究导论》中提出，经济是建立在政治秩序之上的，没有稳定的政治环境，经济研究就失去意义。[1]罗伯特·吉尔平进一步探索了经济与政治的互动，认为两者之间的相互作用是国际政治变化的基础。[2]爱德华·米德·厄尔（Edward Mead Earle）也认为，经济力量与政治力量在现代社会中不再是孤立的，特别是随着工业革命和军事技术的进步，商业、金融和工业的力量

---

[1] Edward Hallett Carr, *The Twenty Years' Crisis*, *1919—1939: An Introduction to the Study of International Relations*, Perennial, 2001, p.117.

[2] Robert Gilpin, *War and Change in World Politics*, Cambridge University Press, 1981, p.67.

与政治和军事力量已紧密相连。①这种关系不仅影响国家内政，也对国际政治产生深远影响。

经济并不是政治的附属品，经济有自己的规律和动力，尽管在某些情况下，这些规律可能会受到政治环境的制约。正如吉尔平所说，经济研究不应与政治环境相隔离，在一些情况下，经济可能会受到政治的制约，而在其他情况下，经济又可能对政治产生影响。

在历史长河中，大国的兴衰与背后的经济力量和军事力量之间的互动始终是学术界和政策制定者关注的焦点。历史学家保罗·肯尼迪（Paul Kennedy）在其著作《大国的兴衰》中深入探讨了从16世纪到20世纪的世界历史，深刻揭示了西班牙、法国、英国、美国和苏联等大国背后军事与经济力量的相互依赖。②

保罗·肯尼迪得出的结论非常直观："大国——被定义为能够自行保护，不受其他国家侵犯的国家——必须要有一个繁荣的经济基础。"这一观点对于那些主张"富国强兵"战略的国家来说，显得尤为重要。它强调了经济实力对于国家在国际舞台上地位的关键性与重要性。

然而，令人惊讶的是，在战后的国际关系和地缘政治策略中，经济因素似乎并没有得到足够的重视。例如，布热津斯基在《大棋局》中虽然提供了对美国地缘政治战略的深刻洞见，却很少涉及经济分析。

历史上也有政策制定者对经济不太感兴趣的情况。以亨利·基

---

① Edward Mead Earle, "Adam Smith, Alexander Hamilton, Friedrich List: The Economic Foundations of Military Power," in Peter Paret(ed.), *Makers of Modern Strategy: From Machiavelli to the Nuclear Age*, Princeton University Press, 1986, p.217.

② Paul Kennedy, *The Rise and Fall of the Great Powers: Economic Change and Military Conflict from 1500 to 2000*, Vintage Books, 1987, p.539.

辛格为例，作为美国国务卿期间，他对经济的知识和兴趣明显不足，导致在处理经济问题时经常力不从心。据美国国家安全委员会的一位职员罗杰·莫里斯透露，基辛格经常将贸易政策和货币政策视为次要问题。还有另一位职员曾评价说，和基辛格讨论经济就像和教皇讨论军事战略一样，这进一步表明了基辛格对经济问题的轻视。[①]

20世纪末至21世纪初，地缘政治学与经济学之间的关系在国际政治领域中似乎变得边缘化。迈克尔·马斯坦多诺（Michael Mastanduno）深入探讨了这一点，并指出在冷战时期，尽管美国视苏联为主要的安全威胁，但从经济角度看，苏联并不是一个实质性的竞争对手。与此同时，对美国而言，尽管联邦德国和日本是经济上的竞争者，但并没有在安全领域构成威胁。这种分离的局势导致了美国在军事战略上对经济关注的减少，而经济策略中也很少考虑安全问题。[②]

冷战结束后，很多人预期安全与经济之间的联系会重新获得重视。但即便在冷战结束15年后，地缘政治学与经济学之间的联系仍然显得脆弱。巴里·波森（Barry R. Posen）在《克制：美国大战略的新基础》一书中，虽然承认经济力量是国力的基石，却刻意避开了对经济问题的深入讨论，理由是军事战略家们缺乏对经济学的深刻理解。[③]

这种现象不仅在地缘政治学界中存在，连主流经济学界也不例

---

① Michael Schaller, *The American Occupation of Japan: The Origins of the Cold War in Asia*, Oxford University Press, 1985.

② Michael Mastanduno, "Economics and Security in Statecraft and Scholarship," *International Organization*, Vol.52, No.4, 1998, pp.825–854.

③ Barry R. Posen, *Restraint: A New Foundation for U.S. Grand Strategy*, Cornell University Press, 2014, pp.1–3.

外。在主流经济学领域，许多经济学家似乎更倾向于专注于数学模型和理论建构，而忽视了与历史学、政治学和社会学等其他学科的跨学科合作。托马斯·皮凯蒂在《21世纪资本论》中批评了这一趋势，他认为经济学家过于沉迷复杂的数学难题，而这些难题往往与现实世界的复杂性相差甚远。

地缘政治学与经济学之间的联结一直存在着挑战。2008年的全球金融危机暴露了主流经济学的局限性。这场危机提醒我们，大多数主流经济学家都未能预测到这场危机，因为他们的理论框架无法解释这种突发事件。这场危机不仅摧毁了全球经济，也对经济学界的声誉造成了重大打击。

国际货币基金组织的首席经济学家西蒙·约翰逊（Simon Johnson），在2009年提出经济学正面临着一场信任危机，并呼吁开发一种新的经济理论来应对这种状况。[1]《经济学家》杂志的一篇时评文章引用了诺贝尔经济学奖得主保罗·克鲁格曼的话。克鲁格曼认为过去几十年的宏观经济学研究不仅在理论上华丽空洞，而且在最糟糕的情况下，可能对实际经济产生了负面影响。[2]美国财政部前部长劳伦斯·萨默斯也表示，那些基于主流经济学理论的研究对政策制定者而言几乎没有价值。[3]纽约大学教授保罗·罗默尖锐地批评了经济学的现状，指出许多主流经济学家变得自恋，对外界的批评和建议置若罔闻。他们过于依赖复杂的数学模型，忽视了经济活动的真

---

[1] Simon Johnson, "The Economic Crisis and the Crisis in Economics," *The Baseline Scenario*, January 6, 2009.

[2] Paul R.Krugman, "What Went Wrong with Economics: And How the Discipline should Change to Avoid the Mistakes of the Past," *The Economist*, July 16, 2009.

[3] Lawrence H.Summers, "What the Economists Knew: Larry Summers Diagnoses the Dismal Science," *The Economist*, April 9, 2011.

实复杂性。罗默进一步指出，这种封闭和自恋的态度使得宏观经济学在过去的几十年里没有取得任何实质性的进步，甚至在某些方面开始倒退。[①]

尽管许多一流的经济学家都公开承认主流经济学存在严重问题和局限性，但就整个经济学界而言，在反思和修改传统理论模型上，步伐仍然缓慢。这种对过时理念的坚持和对现实经济活动的忽视，被批评家形象地称为"僵尸经济学"——这些理论虽然在现实中已经"死亡"，却仍在学术界到处"行走"。这种现象反映了许多经济学家在面对反复的经济危机和传统经济学理论与现实不符的情况时，依然固执地坚持这些已被证明有问题的理论。

这种理论惰性和理论与实践脱节的现象，是由多重因素造成的。原因包括学术体系的惯性、方法论的局限性、利益相关的影响、心理和认知偏见、教育体系的滞后、政策制定者的依赖、面对复杂性和不确定性时的简单化倾向，以及缺乏跨学科研究等。这些因素共同作用，导致了经济学理论与现实世界的脱节，使得主流经济学理论在解释和预测当前复杂的全球经济现象时屡屡失效。

更为严重的是，由于对主流经济学的过度依赖，许多探索地缘政治学与经济学关系的学者也陷入了理论困境，在理解和解释当前复杂的全球经济形势时面临巨大挑战。这种理论与实践的脱节不仅影响了经济学本身的发展，也对其他试图借鉴经济学方法展开研究的学科产生了负面影响。

21世纪，世界似乎再次站在历史的十字路口。中美关系紧张、

---

① Paul Romer, "The Trouble with Macroeconomics," Delivered January 5, 2016, as the Commons Memorial Lecture of the Omicron Delta Epsilon Society, https://paulromer.net/the-trouble-with-macro/WP-Trouble.pdf.

俄乌冲突爆发、巴以冲突升级以及朝鲜半岛局势持续紧张，整个地缘政治环境显示出不稳定的态势。这些复杂的国际局势进一步凸显了主流经济学和传统地缘政治理论在解释和预测全球事务方面的不足。在这种情况下，重新审视当今社会和经济结构以更为深刻全面地解读现状，显得尤为重要。笔者认为，这需要经济学、政治学和社会学领域的交叉合作。

要克服这些问题，经济学界需要进行深刻的自我反思和改革。这包括鼓励更多元化的研究方法，加强跨学科合作，重视实证研究和案例分析，以及培养更具批判性思维的新一代经济学家。同时，政策制定者也需要更审慎地看待经济学理论，在决策过程中综合考虑来自多个学科和领域的见解。

尽管人类在技术、经济和文化上已经取得了巨大进步，但在处理国际关系上似乎仍然受到"历史包袱"的制约。许多历史上的矛盾和冲突在新的时代背景下被重新激化，新的问题和挑战也相继出现。这种现象不仅反映了传统理论模型的局限性，也凸显了我们在理解和应对全球复杂问题时的不足。

这迫使我们反思，人类是否真的像我们想象的那样充满智慧，我们是否真的已经完全走出历史的阴影，进入了和平与繁荣的新时代。答案可能并不乐观。这种局面凸显了重新构建经济学理论框架和地缘政治分析方法的紧迫性。只有通过跨学科的合作，融合经济学、政治学、历史学和社会学等多个领域的洞见，我们才能更好地理解和应对当今复杂的全球挑战，包括地缘政治与经济之间的复杂互动，从而为构建更加稳定、公平与可持续的全球秩序奠定理论基础。

二、财政学与地缘政治学的交叉

财政学的重要性和影响力远远超出了传统经济学的范畴，已成为连接国家内政和国际关系研究的关键纽带。财政学不仅涉及研究经济决策，还深入融合了政治权力、社会结构和文化背景等复杂元素。通过税收政策、政府支出、国债管理以及货币政策等多样化的财政工具，政府不仅在国内分配资源和提供服务，还在全球地缘政治舞台上发挥着举足轻重的作用。这种多维度的影响力使财政学成为理解现代国家运作和国际关系动态的核心学科之一。

纵观历史，财政政策一直是国家权力竞争的核心。从古罗马时期的部落税赋到现代国家的复杂税收系统，再到当今全球化背景下的国际税收协调，财政始终是支撑国家权力和塑造国际关系的关键工具。这种工具的使用不仅影响经济发展和社会福利，还直接关系到国家的地缘政治地位和国际影响力。例如，一个国家可能会增加军事支出以维护其地缘政治利益，或者增加科研投入以在技术竞争中占据优势。这些决策通常基于对国家财政状况、经济增长潜力以及国际战略环境的全面评估，体现了财政学、经济学和地缘政治学的紧密结合。

在国际层面，财政政策的影响更为深远和复杂。它不仅塑造全球资本流动和汇率变化，还通过影响国家信用评级、外商投资吸引力等因素，进而影响整个国际经济格局和权力结构。美国的货币政策和利率决策就是一个典型例子，它不仅影响美国国内经济，还对全球金融市场、其他国家的经济决策，乃至整个国际货币体系产生重大影响，从而在宏观层面上重塑地缘政治格局。同样，国际债务关系也反映了国家间的经济互动和政治影响力。拥有大量他国债券的国家往往在国际政治中拥有更多议价权力，这种"债务外交"已成为现代国际关系中的重要现象。债务危机，如希腊债务危机或者一些发展中国家面临的债务问题，不仅是一个财政问题，更是一个涉及整个区域乃至全球政治经济稳定的地缘政治问题。

在一国国内，财政政策在平衡社会矛盾、促进经济发展和维护政治稳定方面发挥着关键作用。政府可以通过税收、补贴、公共投资和其他转移支付来减少社会不平等，促进社会福利和经济增长。例如，通过累进税制和社会福利项目来缩小贫富差距，通过基础设施投资来刺激经济增长和提高国家竞争力，等等。然而，这种财政干预也可能引发内部和外部的政治冲突，如不同利益集团间的资源争夺，或者在面对国际经济制裁时的政策调整。因此，财政政策的制定和实施不仅需要考虑经济效果，还需要权衡复杂的政治和社会因素。

财政学与地缘政治学的结合，为我们理解国家间的竞争、合作和冲突提供了一个多维度的分析框架。在全球化进程和地缘政治演变日益复杂的当代，财政政策和决策不仅影响国家内部的经济和社会结构，还在国家间的权力博弈中扮演着至关重要的角色。这种交叉研究方法能够帮助我们更好地理解和预测国际关系的发展趋势，为政策制定提供更全面的依据。

这种观点对于理解当前的国际局势尤为重要。例如，国家间的贸易战不仅是一场经济较量，更是一场涉及财政政策、技术竞争和地缘政治影响力的综合博弈。双方通过关税政策、补贴措施、技术管制等多种手段展开竞争，这些措施的效果和影响都需要通过财政学的视角来分析。同样，在应对全球性挑战如气候变化时，各国的财政政策选择，如碳税、绿色补贴等，直接影响其在国际谈判中的地位和影响力，也决定了全球应对气候变化的整体效果。

因此，在探讨地缘经济学时，我们必须充分认识到财政学的核心地位。它不仅提供了解释国家行为的经济动机，还为我们理解复杂的国际关系提供了一个独特的视角。未来的研究应该更加注重财政学与地缘政治学的交叉领域，以更好地把握全球政治经济的发展趋势和挑战。这种跨学科的研究方法，将财政学、经济学和地缘政治学有机结合，有助于我们突破传统理论的局限，更全面地理解和应对当今世界面临的复杂挑战。

在实践层面，这种综合分析框架可以帮助政策制定者更好地评估其决策的长期影响。例如，在制定产业政策时，不仅要考虑其对国内经济的直接影响，还要评估其可能引发的国际反应和长期地缘政治后果。同时，这种方法也有助于国际组织和多边机构在制定全球性政策时，更好地平衡各方利益，提高政策的有效性和可持续性。

总的来说，随着全球化进程的深入和国际关系的日益复杂，财政学在地缘政治和国际关系研究中的重要性将继续上升。未来的学者和政策制定者需要具备跨学科的视野和综合分析能力，才能在这个充满挑战和机遇的时代做出明智的决策。只有深入理解财政学、经济学和地缘政治学的交互作用，我们才能更好地应对全球性挑战，推动建立更加公平、稳定和可持续的国际秩序。

第二章

战争、国家与财政：
演进与交互

战争与国家：相生相克的历史循环

　　战争，这个与人类历史几乎同步的现象，历来是推动国家演变的核心力量。爱因斯坦指出："只要有人类，就会有战争。"而黑格尔则看到了战争在国家间关系中的决定性作用："战争是国家之间的自然状态。"这两位思想家的论述，不仅揭示了战争在人类社会中的重要性，也为我们提供了一个理解国家形成和演进的视角。但更深层次的探索则告诉我们，战争和国家之间的关系是相互作用、相生相克的。

一、国家制造战争，战争制造国家

　　当我们深入探索历史社会学家如查尔斯·蒂利（Charles Tilly）、

理查德·比恩（Richard Bean）[1] 和迈克尔·曼（Michael Mann）[2]的研究，我们可以更深入地理解战争与国家之间关系的本质，而蒂利的经典论述"国家制造战争，战争制造国家"，更进一步揭示了这种关系的核心。在他的著作《西欧民族国家的形成》[3]中，他详细探讨了战争在欧洲国家形成中的决定性作用，提出了战争和国家之间的因果关系。但为何战争会与国家的形成如此紧密地联系在一起呢？

首先，战争促进了领土的合并。在古代，小国或城邦之间常常为了争夺资源和领土而争斗。随着时间的推移，胜利的国家或城邦会逐步吞并邻近的土地，从而形成更大的领土实体。这种领土的扩张，不仅提高了国家的地理和战略地位，也增强了其政治和经济的实力。其次，战争催生了中央集权。国家为了有效地组织和动员战争，需要有一个强大的中央政府来协调各种资源。这导致了权力从地方向中央的集中，并由此建立起一个专业化的行政体系。再者，战争推动了国家财政和税收体系的建设。战争需要大量的资源和资金，这迫使国家必须找到筹集资金的有效途径。因此，建立和完善税收和财政体系，成了国家应对战争必须采取的措施。

此外，理查德·比恩和迈克尔·曼等学者也进一步强调了彼得·古勒维奇（Peter Alexis Gourevitch）的"逆转的第二印象"（Second Image Reversed），即认为国际关系的压力，特别是战争，对国家形态的决定作用远胜过国家对国际关系的影响。这是一个对"国家

---

① Richard Bean，"War and the Birth of the Nation State," *The Journal of Economic History*, Vol.33, No.1, 1973.

② Michal Mann, "State and Society, 1130—1815: An Analysis of English State Finances," in Michael Mann(ed.), *State, War and Capitalism:Studies in Political Sociology*, Blackwell, 1988.

③ Charles Tilly(ed.), *The Formation of National States in Western Europe*, Princeton University Press, 1975.

决定国际关系"的传统印象的"哥白尼式"的逆转。[①]传统上，人们认为国家形态决定其对外政策和国际关系。虽然这并不意味着战争是国家形成的唯一因素，许多国家在没有外部冲突的情况下也得以形成和发展，但战争无疑为国家的形成和演变提供了强大的推动力。战争与国家之间的关系复杂而紧密，在人类历史中相互作用，相生相克。这种相互作用，为我们提供了一个宝贵的视角，帮助我们深入理解国家、战争和人类社会的复杂关系。

查尔斯·蒂利的研究成为我们探索战争和现代欧洲国家形成的指南。然而，在蒂利之前，奥托·欣策（Otto Hintze）已经捕捉到了地缘政治竞争对于国家形态的重要性。其著作《军事组织与国家组织》强调了国家起源于军事这一核心观点，为众多后继学者提供了宝贵的研究视角。但随着历史的发展，人类从游牧生活转向了定居农耕，这一转变使得对土地的需求日益加剧，同时也引发了人口的爆发性增长。与此同时，农业的革新、技术的发展和交易的扩展都进一步催生了军事与经济之间的分工。社会因此形成了明确的战士与非战士的阶层划分，而曾经与国家同义的军事组织逐渐演变为国家内的一个特定部门。

在此背景下，军事与经济在国家中的相互作用引起了广泛的关注。例如，19世纪的英国学者赫伯特·斯宾塞（Herbert Spencer）区分了"军事的"与"产业的"组织，并主张历史的发展潮流是从军

---

① 传统的"Second Image"（第二印象）理论研究的是国家内部因素（如国内政策、经济状况与政府形式等）如何影响其在国际舞台上的行为。然而，"Second Image Reversed"（逆转的第二印象）理论强调，同样需要理解国际关系和全球格局如何塑造和影响国家内部的政策和结构。也就是说，不再是国家行为决定国际关系，而是国际关系决定国家行为。这种理论框架提供了一种理解国家行为和国际关系相互作用的有益视角，能帮助我们更全面地解析全球政治经济格局。

事型社会向产业型国家的演变。斯宾塞的这种观点反映了当时在英国盛行的经济自由主义思潮，认为经济的进步将使军事逐渐萎缩，推动世界走向和平。

全球化的推进似乎进一步验证了这一观点。理查德·罗斯克兰斯（Richard Rosecrance）在1980年代中期提出，国家将从"领土国家"转变为"商业国家"。[1]而随着全球化的发展，他进一步提出全球化使领土几乎变得毫无意义，国家最终会演变为"虚拟国家"[2]。1991年柏林墙倒塌后，美国不管是军事实力还是经济实力都独霸世界，并全力推动全球化，正是基于这种经济自由主义的思考模式。

然而，欣策对于这种经济自由主义的视角表示了怀疑。他坚信，即使在高度的全球化背景下，永久和平仍是一个遥不可及的梦想。他强调，国家的形成与发展不仅仅取决于内部的经济与社会关系，更大程度上是由于国家需要应对外部的防御和攻击压力——战争的威胁。欣策进一步提出，国家的内部结构和国际地位是受到国际关系，尤其是战争压力的影响而形成的。他认为，不同的国家政治结构的差异很大程度上取决于其所面对的地理政治环境。

欣策的这种观点在第一次世界大战的爆发中得到了验证。这场战争是军事与经济完美融合的产物，彰显了国家为了执行战争必须有效调动内部资源这一特点，其中最为关键的就是税收。这进一步印证了欣策的观点，即战争是国家结构形成的主要动力，国家之间的相互作用不仅塑造了国际关系，更重要的是，也塑造了国家的内

---

[1] Richard Rosecrance, *The Rise of the Trading State: Commerce and Conquest in the Modern World*, Basic Book, 1986.

[2] Richard Rosecrance, "The Rise of the Virtual State," *Foreign Affairs*, Vol.75, No.4, 1996.

部结构与特性。①

二、国家形成的历史动力

在过去的1000年中，欧洲世界经历了多种统治模式的出现与更替，包括城市联盟、封建领主、教会、武装团体（如山贼和海盗）、城市国家以及帝国等。然而，随着时间的推移，"国家"逐渐成为最具主导性的统治形态。到了19世纪，这种统治形态又进一步演化为"民族国家"，并且其影响力不仅限于欧洲，而是遍及全球。

这样的历史演变不禁让人产生疑问：为何历史上会涌现如此多样化的统治形态？为什么它们又会逐渐统一为"民族国家"这一模式？为了探寻答案，历史社会学家查尔斯·蒂利在其著作《强制、资本和欧洲国家（公元990—1992年）》（*Coercion, Capital, and European States, AD 990—1992*）中，从社会学的角度进行了深入探讨，并提出了一套清晰的理论。他的理论被视为历史社会学的一座高峰，是关于国家形成最有力的理论之一。

蒂利的理论以四大要素为核心，认为这四大要素共同塑造了国家形成的历史动力：一是集中的资本，二是集中的强制，三是战争的准备，四是在国际体系中的位置。他相信，通过结合这四个要素，可以解释国家形成的复杂历史过程。

对于"资本"的定义，蒂利赋予了更深层的意义。他不仅将资本视为有形的资产，更强调了"资本家"这一角色，即那些掌握并交易资本的人。他进一步解释了"资本主义"是如何作为一个经济

---

① 卡尔·波兰尼在其《大转型：我们时代的政治与经济起源》一书中也提到了欧洲的百年和平。他认为，自由市场只是一种神话，从来没有真实存在过，不过这一神话却像幽灵一样左右着当今人类的思维。

系统运作的，而在这一经济系统中，资本家控制生产手段，驱使工人进行生产。他指出，在工业革命后的1750年，资本家开始崭露头角，标志着"工业资本主义"的到来。在此之前，资本的存在形态主要是由商人、企业家或金融家来扮演的。

查尔斯·蒂利详细地分析了"资本"与"强制"的关系。在他的定义中，"强制"是对某人或某群体实施或威胁实施的可能导致伤害的行为。蒂利提出，当一个地区的资本积累并集中，就很可能催生出城市。而当一个地区出现集中的"强制"行为，那么这个地区就有可能进一步发展成为一个"国家"。从这一观点出发，蒂利通过对比"资本"与"强制"，并进一步探讨城市与国家之间的互动关系，为我们提供了一种解释国家形成历程的独特视角。

在这一理论框架下，蒂利将欧洲国家的形成分为三大类："强制集中型""资本集中型"以及"资本化强制型"。

"强制集中型"国家：此类国家主要出现在俄罗斯、北欧和东欧国家及地区。

"资本集中型"国家：这种模式受资本家寡头统治的推动，以保护和扩展商业资本为目标。与此同时，统治者经常与资本家合作，通过使用军队或雇用雇佣兵来维护其权力。这种模式下的国家，如北意大利的城市国家、荷兰共和国和加泰罗尼亚，通常不具备大型的行政结构。

"资本化强制型"国家：这是一个介于前两者之间的模式。在这种模式下，统治者将资本家及其资本纳入国家架构中。资本和强制在这种结构中达成了一种平衡，共同服务于战争的目的。英国、法国、普鲁士和西班牙是此类国家的代表。尽管人们经常强调这些国家之间的差异，但从蒂利的分类来看，它们都属于资本化强制型国家。

蒂利的分类方法，为我们提供了一个框架，去理解欧洲的国家形态，但这三种"理想型"，并非绝对且刚性的。实际上，这些分类代表了理想状态下在实际社会中可能出现的国家，但事实上任何实际存在的国家都不可能完全符合某一个理想模型。

所有的国家都有资本和强制这两个核心要素，只是在不同国家和历史时期中表现出不同的比重和形态。例如，15世纪的北意大利城市国家经历了所谓的"战争的商业化"，这实际上可以被解读为强制手段的资本化。但是，与英国、法国或俄罗斯相比，北意大利的城市国家更接近于"资本集中型"的模型。

因此，蒂利提出的"强制集中""资本集中"和"资本化强制"三种类型应当被视为是相对的、动态的概念，而不是绝对的固定的分类。这些概念的主要价值在于提供了一种解释和理解国家形态演变的工具，而不是为每个国家贴一个严格的标签。

总而言之，欧洲国家的演变，特别是从15世纪至19世纪，可以通过其地缘政治环境和地理特征被分为"强制集中型""资本集中型"和"资本化强制型"三种类型。随着时间的推移，这些国家普遍向"资本化强制型"转变，再进化为民族国家。而这一转变的关键驱动力，则是战争和战争带来的技术进步。

三、战争、国家与社会

正如威廉·麦克尼尔在其大作《竞逐富强：公元1000年以来的技术、军事与社会》（*The Pursuit of Power: Technology, Armed Force, and Society since A.D. 1000*）一书中所阐述的，14世纪中叶，欧洲开始使用火药，大约150年后，大炮和新型堡垒进入战场。这一"军事革命"导致战争费用急剧上升，并催生了一系列社会和政治变革。由于战争变得更加昂贵和复杂，国家开始集中资本来维持战争的进行；解除公民的武装，明确划分军民；开始自行开发和生产武器；转向以货币方式收税，并利用强制手段确保税收收缴。

为了满足这些需求，国家需要发展货币经济和完善信贷制度。这样，国家才能高效地征税和通过借款来获得必要的战争资金。资本家由此成了国家的主要债权人，这使得国家对资本家的依赖度剧增。在这种背景下，"资本化强制型"国家显示出其优越性。与之相反，"强制集中型"国家由于经济和信贷体系不够完善，无法满足战争的资本需求。而"资本集中型"国家，尽管经济发达，但由于规模小，缺乏足够的强制手段，难以在大规模战争中胜出。相较之下，"资本化强制型"国家，如英法，能够平衡资本和强制，从而在战争中崛起成为世界大国。

但是，胜利只是一时的。为了维持霸主地位并动员战争所需资源，这些国家开始直接干预民众的生活。过去由地方组织、贵族或教会间接统治的方式，现在被国家直接取而代之。为了增强国家认同感，国家制定了统一的语言、宗教政策、货币制度和法律体系，并加强了交通、通信和商业网络的建设。所有这些措施的目的都是为了提高国家的团结程度和准备应对未来的战争挑战。

因此，国家开始更有效地调动民众为战争做准备，这标志着"国家军队"的形成。在国家的直接领导下，人民共享同一种语言、法律、教育和货币体系，逐渐培养出一个共同的"国民"意识。这种共同的认同感促使国家逐步演变成"民族国家"。

这种团结感的源泉也可以在"国家军队"的形成中找到答案。麦克尼尔在其著作《竞逐富强：公元1000年以来的技术、军事与社会》中对此进行了深入探讨。他强调了军队组织对士兵的心理和社会关系产生的效应，这为我们理解民族主义的诞生提供了重要线索。尤其是他在描述毛里茨式的军事训练方法时指出："这种训练方式创造了一种新的社交和心理状态。即使是陌生人，当他们在一起，同步地、长时间地移动身体时，都会形成一种强烈的社会纽带。这种感觉，尽管是在人为环境中产生的，但所引发的团结意识却是真实且深刻的。"

麦克尼尔解释说："当人们集体地、有节奏地移动时，似乎触发了人类最原始的社会本能。"在古代社会中，人们通过有节奏的舞蹈来强化社会团结，以协作进行大型狩猎活动。军事训练似乎利用了这种原始的社会本能。毛里茨为欧洲军队设计的训练方法，就像是打开了这种社会性的阀门，释放了一股强大的力量。

随着军队从佣兵制转向征兵制，强烈的团队精神和共同体意识开始广泛地影响整个社会。这种由军队引发的共同体意识不仅加强了团结，还弥补了由于现代化和工业化进程导致的传统社群纽带的削弱。虽然麦克尼尔主要关注的是军队层面的团结，但这种团结一旦在大众军队中得到体现，便具有了影响整个国家的力量。

为了组织和动员大众军队，国家需要动员之前并无太多联系的公民，使他们参与高度危险的军事任务。而强烈的民族主义情感，正是驱动这种广泛动员的关键。国家通过学校教育，确保公民掌握标准语言来促进沟通，同时教育他们国家的历史、地理和文化，并培养他们的爱国情怀。随后，这些被征召的公民在军队的共同生活中，进一步加深了对国家的认同。大众军队成了培育和巩固民族主义情感的重要平台。麦克尼尔进一步解释，毛里茨的军事训练方法触发了人类团队合作的原始本能，产生了强大的动员效应，从而成功地将独立的个体整合为一个坚固的集体。

四、军队、警察与"公民身份"的雏形

随着国家加深对公民的直接统治力度，原有的中间组织及广大

民众开始产生反感和抵制。尽管，如麦克尼尔所述，国家军队的大众化能够激发出集体团结与民族认同，但战争的残酷性使得很多人不愿投身其中。对于统治者和国家来说，民众对战争的反感始终是一个难题。为了维护统治和社会的稳定，国家不得不采取措施，向民众提供新的权利，并尝试赢得他们的信任与支持。这种在权利与忠诚间的权衡，逐渐形成了"公民身份"的雏形。今天我们所理解的"公民身份"，不只是法律上的定义或社会地位的体现，在更深层次，它反映了国家与公民之间在多个议题，特别是在战争议题上的交涉与协商。简而言之，是战争为公民身份铺就了道路。

受法国革命的影响，这种国家直接统治的模式、国民国家的观念以及公民身份的建构在拿破仑战争中传播至整个欧洲。到了1850年后，这一国家转型进程产生了一种令人意想不到的现象：政府的"民政化"。所谓的"民政化"，是指国家功能的军事与非军事部门的明确分割，并且后者得到了进一步扩展。尽管战争要求动员国内资源，但军队主要在国外执行任务，直接从国内获取资源的效率并不高。因此，安排除军事之外的部门负责民政工作，这种方式逐渐崭露头角。比如，国家的"强制"功能分为对外的军事行动和对内的维稳行动，即军队与警察。随之，政府在非军事领域的活动和预算占比显著上升。

自15世纪起，西方现代国家的主要角色似乎都与军事紧密相连，这正如欣策所描述的"军国主义"模式。但是，到了19世纪中期，一个明显的转变开始出现：军事部门的影响力逐渐减弱，而民政部门的作用开始增加，这一变化可以说是"革命性"的。从国家预算的变化中可以窥见一二。例如，在1800年，欧洲各国政府的支出中，超过60%都用于军事目的。但到了19世纪中叶，军事和民政支出的比例接近平衡，有时民政支出甚至超过了军事支出。以英国为例，到1881年，其民政支出已经超越了军事开销。国家的主要财政资源更多地被用于和平事务，而不是军事活动，这或许是欧洲历史上首次。

五、替代效应与民政化趋势

尽管民政化趋势显而易见，但我们不能忽视战争对这个过程的影响。首先，无论是军事还是民政部门，政府支出的增长往往与战争时期密切相关。举例来说，从17世纪到18世纪，英国、法国和普鲁士都因为战争而经历了财政规模的迅速扩张，尽管战后支出有所回落，但总体规模并未降至战前水平。拿破仑战争使财政支出再次增长，尽管随后并没有引发大规模的全球性战争，但财政支出仍然保持在相对较高的水平。战争期间，国家为满足军事需求而增加财政支出，但在战后，尽管军事费用有所减少，但总体财政规模仍旧不会回落到战前状态。这种趋势被称为"替代效应"。在大型的、涉及主要大国的全球性战争（如西班牙继承战争、法国革命战争、拿破仑战争、两次世界大战）中，这种现象尤为明显。从这个角度来看，民政化实际上是由战争导致的财政扩张和战后的替代效应共同推动的结果。也就是说，在某种程度上，战争是民政化的催化剂。

其次，虽然某些项目被标记为民政支出，但它们也与战争有密切的关联。拿19世纪增加的铁路建设和公共教育投资为例，这两者都与战争有着不可分割的联系。比如建设铁路系统，不仅仅是为了促进经济发展和打造便捷的民间交通。铁路在当时的军事运作中发挥了关键作用，尤其是在战争中作为快速部署军队的手段。曾担任普鲁士陆军元帅的赫尔穆特·冯·莫尔特克在1866年的奥普战争中，充分利用了铁路和电报，精心策划了部队的迅速移动，从而取得了胜利。此后，这种依赖铁路的军事动员模式成为了众多国家效仿的典范。因此，铁路是既对国家民政也对军事行动至关重要的基础设施。同样，公共教育也与战争有深厚的关系。国家推广的大众教育，旨在将具有不同语言、文化和历史多样性的人民培养成拥有共同认同、具备读写能力的国民，这对于打造强大的军队和增强国家凝聚力是必不可少的。实际上，面对重大的军事威胁，尤其是战败，往往会催生国家加强公共教育投资的决策。普鲁士在拿破仑战争后的教育改革、法国在普法战争后的民族自省以及日本明治维新时期的教育扩张，都是这一观点的生动例证。

战争与财政：从税收国家到债务国家

一、共同迫切需求与征税权

笔者在前文已经提到，欣策认为，国家结构的核心动因在于战争。为了进行战争，国家需要有效地调用其内部资源，而税收无疑是最关键的工具之一。经济学家约瑟夫·熊彼特（Joseph Alois Schumpeter）对税收的重要性有着深入的见解，并在第一次世界大战期间撰写了经典之作《税收国家的危机》（*Die Krise des Steuerstaat*）。在该书中，熊彼特从财政历史的视角，探讨了近代国家形成的过程。他强调了税收与国家间不可分割的联系，甚至认为"税收"（Steuer）和"税收国家"（Steuerstaat）两个词汇几乎是同义反复。这揭示了近代国家形成的关键环节。更进一步，他认为，在货币经济的演进中，税收不仅仅是一种经济手段，更是社会改革和权力斗争的关键工具。熊彼特关于税收国家的论述，至今仍对近代国家的形成和发展、税收制度及其政策的历史研究具有深远影响。

熊彼特的独到之处在于明确阐述了近代国家的两个核心要点：第一点，近代国家通过政治权力确保了课税权，目的是满足共同的迫切需求；第二点，实施税收必须得到相应等级议会的认可。所谓"共同的迫切需求"，是指为了保障和拓展一个共同体而确保其军事实力。这种对税收和军事的垄断权构成了所谓"国家"的基石，涵盖了国家所拥有的所有权力和权限。控制着税收和军事，并统治特定的地域，这就形成了所谓的主权国家。这种模式大约始于16—17世纪。在这个进程中，关于国家主权的各种理论逐渐浮现。从另一个角度看，主权国家是基于国家主权这一概念而成立的政治实体。

自税收制度建立以来，征税权被视为"国家"的主权特权之一。当货币纳税在中世纪末期逐渐取代古老的实物纳贡时，人们感受到了巨大的压力，仿佛突然遭受"掠夺"。但到了12—13世纪，为了避免封建领主的兵役，城市居民更愿意支付税金。这种兵役的"商业化"与纳税形成了一种互为替代的关系。

埃利亚斯（Elias）指出："中央统治者能够维持并加强税收权，是因为他们控制了军事力量。进一步说，这种军事力量的垄断和增强是基于税收的集中。这两种权力是相互补充和加强的，中央统治者在这一过程中逐渐累积的权力最终会令人震惊和愤怒。国家的各种权威和功能围绕这两种权力（暴力和税收）的垄断逐渐形成和巩固。对暴力与税收的垄断是构成国家其他垄断权力的基石。如果这两大权力崩溃，所有权力结构，乃至'国家'本身，都将面临瓦解的风险。"[1]

埃利亚斯的主张其实是从社会学的角度强调了托马斯·霍布斯所著《利维坦》中的内容。霍布斯对于各种特权事项中主权者不能转让和分割的权力做了以下论述：

> 当统治者放弃军事权时，他将无法执行任何法律，因此他所持有的司法权将变得毫无意义。同样，如果他放弃征税权，他的军事权也将失去其基础。再者，如果他不控制舆论，人们

---

① ［德］诺贝特·埃利亚斯：《文明的进程：文明的社会发生和心理发生的研究》，王佩莉、袁志英译，上海译文出版社2013年版。

可能会被神灵的恐惧所驱使，从而导致动乱。关于将这些权力分散给国王、贵族和下议院的想法，如果大多数英格兰人对此表示反对，那么将这些权力下放给普通民众同样不会带来国家的稳定。[1]（笔者重新整理）

霍布斯与埃利亚斯对于国家成立及其持续存在都进行了深入的思考。霍布斯在作品中提及的"神灵"确实暗指了教会的影响，反映了他对国家与教会结合的认可，这也可以视为对国家教会制度的支持。这表明霍布斯深知权力作为实际控制手段与那些被授权的权威主体之间的紧密联系。

埃利亚斯的核心观点在于：我们称之为"国家"的特定的社会结构，是在各种社会功能间的权力争夺中逐渐形成的。其中，税收的垄断以及实际的暴力垄断是这种结构的根基。正是基于税收垄断，社会的核心机构开始在政治上占据主导地位，进而使政治和经济实现了分离。随着以货币形式展开税收征收，政治权力进一步渗透到经济领域，进而加速了货币经济的发展。这一观点与熊彼特的论述不谋而合。

二、税收国家的形成

在近代国家形成过程中，如熊彼特所述，政治权力的行使并非从一开始就依赖自身的军事力量；尤其是那些人口稀少或财政收入有限的国家。其中，最具代表性的例子是佣兵队和私掠船。这些都可以被看作是依赖战争而存在的第三方暴力组织。

到了中世纪，跨国的佣兵团队已遍布欧洲，形成了完整的组织

---

① ［英］托马斯·霍布斯：《利维坦》，海蕴译，中译出版社2023年版。

体系。这些团队作为第三方参与者被雇用、驱策，并参与各种战斗。值得注意的是，尽管他们拥有强大的军事实力，但这些团队并未试图将军事实力转化为政治权力。

到1648年，尽管《威斯特伐利亚合约》结束了欧洲的长期战争，但被视为真正主权国家的，仅是在三十年战争开始前就已存在的那些国家。这些国家之所以能够在持续的战乱中存续，是因为它们逐渐摆脱了对外部军事力量的依赖，转而建立并维持自己的常备军。为此，强化税收成为其首要任务。为了确保稳定的税收，这些国家或开始建立自己的税务体系，如英国和勃兰登堡—普鲁士；或加强已有的税收体系，如法国。当然，各国之间在这些方面的做法也存在差异。

欣策对17世纪之后普鲁士的国家发展进行了深入考察。①他指出，尽管组成等级会议的贵族试图抵抗国王独立课税的权力，但最终还是屈服于国王的权力需求。在这种情境下，贵族同意国王在其领土内建立一个具有军事和征税功能的行政机构，作为交换，他们获得了某些特权。熊彼特形容此过程为"税收国家"的形成。这种行政机构开始利用武力进行征税。勃兰登堡—普鲁士能够在国际舞台上建立大规模军队，主要得益于其强化了的税收权力并确保有武力支持。

到18世纪，普鲁士根据各地区的特点建立了以农民为基础的兵员招募体系，并逐步扩展到整个国家，同时也开始从贵族家族中招募军官。军队与社会的紧密联系开始逐渐形成。国王特别关心常备军的财务、人事和管理问题，这也成为国王独有的、排他的权力范畴。军队的核心任务是在最高指挥官的领导下，忠实于国王，为国

---

① オットー・ヒンツェ、石井紫郎訳：『一八世紀におけるプロイセン軍事=官僚国家』，成瀬治編訳：『伝統社会と近代国家』，岩波書店，1982。

家服务。值得一提的是，尽管普鲁士的宪法要求所有公务员宣誓效忠，但对于军人并无此项要求。为了维持这支军队，国内的经济也产生了新的需求和变化。

熊彼特认为，近代国家的诞生源于中世纪末期封建制下的财政危机。在当时的欧洲，公共领域与私人领域并未分化，也没有今天意义上的"国家"这一概念。领主们必须自行承担战争费用，无法从一个统一的国家机构获取资金。战争的敌人并不是整个国家，而是领主的个人敌人。领主的财源多样化，包括庄园的农奴贡物、关税、矿山特权、司法收入、城市收入等，但并不具有一般性的税收征收权。

14—15世纪，战争规模的扩大使战争开支剧增，领主们无法仅靠家产来支撑战争开支。熊彼特尤其注意来自奥斯曼土耳其的威胁。面对土耳其大军，欧洲贵族动员的传统军队数量上处于劣势，有时甚至反抗领主的召集，质量上较差，战斗力也较弱。因此雇佣军需求激增，贵族的财政需求也急剧增加。领主们开始宣称土耳其不是个人的敌人，而是"共同的困难"，呼吁人民共同出资御敌。财政需求由此被定位为公共的，与领主的私人财政分开，这促成了公共领域与私人领域的分化。

这一过程得以推进的核心是战争及战争所需的税收推动了公共与私人领域的分化，导致了中世纪政治形态的崩溃。从此，领主逐渐扩展公共领域，开始收税。税收所得不仅用于战争，还用于其他目的。近代国家就这样诞生了。它是从"共同的困难"中孕育出来的。

战争与税收推动了公共与私人领域的分化，促使近代国家的形成。这一过程涉及多个相互关联的方面。

随着战争规模和频率的增加，尤其是面对奥斯曼帝国的威胁，欧洲各国传统的封建军事体系已不足以应对复杂局面，因此需要建立更大规模、更专业化的军队。为筹集军费，统治者建立了常规化的全国性税收体系，并发展了更复杂的行政机构来管理这些新需求。这促进了官僚体系的发展，使国家机器逐渐从君主的私人事务中分离出来。同时，"共同的困难"这一概念的出现促进了公共利益观念的形成，推动了法律体系从封建法向近代法的转变。随着税收负担的增加，公民意识开始萌芽，促进了代议制度的发展。通过建立独立的军事力量和税收体系，国家逐渐确立了主权概念。为支持持续的税收，国家比以往更加关注经济发展，由此推动了向近代市场经济的转变。这一过程不仅仅是行政或军事方面的变革，更是整个社会结构和观念体系的深刻转型。它标志着从中世纪的个人统治和封建割据国家，向近代的制度化、法治化和公共化国家的过渡。这种转变为后续的民主化进程和现代国家的形成奠定了基础。

熊彼特提出了财政社会学在理解国家方面的重要性，尽管这一学科在他之后很少有人接续。但历史社会学家们普遍认同，动员经济资源进行战争，即税收，是理解国家本质的关键。

欧洲近代国家形成过程中，影响财政负担增加或变化的主要因素是战争的准备和执行。这一时期，统治阶层与人民间的主要冲突是税收问题，行政机构的扩展和改革也是为了更有效地征税。更广泛的选举权、国民意识的提升、劳动阶级权利的确立和对公民政治参与的推动，也都是由巨大的军事行政机构的财政需求引发的。

随着战争支出的增加，税收逐渐无法满足国家的财政需求。政府开始采用债务融资，借款以支持战争和其他公共项目。国家开始从税收国家向债务国家转变。这一转变进一步强化了公共领域的独立性，同时也为后续的财政危机和政治变革埋下了伏笔。

总的来说，战争与税收在近代国家形成过程中扮演了核心角色。它们不仅推动了行政、军事和经济体系的变革，还深刻影响了社会结构、法律制度和政治观念的演变。这一过程塑造了我们今天所理解的现代国家的基本轮廓。

三、战争与公债制度的形成

战争与现代国债制度的形成之间存在很强的关联性。

中世纪的意大利，商业繁荣的城市国家中，商业阶级的强大影响力制约了政府直接向市民征税的能力。这些国家政府的收入主要依赖对贸易的间接税收，但在战争（十字军东征）的压力下，这样的财政收入远远不足以支撑军事开支。因此，一种新的财政机制，即现代公债制度，在这样的背景下诞生了。最早的公债记录可以追溯到1164年的威尼斯共和国，当时有12个富裕家族自愿借款给政府。这一创举打破了传统的财政模式，成为后来国债制度的雏形。仅仅3年后的1167年，威尼斯共和国首次采用了强制借款的方式。这一制度的出现，进一步加强了政府筹集战争资金的能力，同时也代表了公债制度的重要发展。到了1171年，强制借款开始附带了5%的利率。这一创新成为后来威尼斯共和国发行公债的标准，并且为后世国债制度的利率化奠定了基础。

在13世纪，威尼斯共和国和热那亚共和国采取了不同的财政策略来应对财政需求。威尼斯共和国在1228年出台了一项规定，要求市民接受强制借款，这实际上成了一种直接税。但这引发了市民逃避责任和隐瞒资产的问题。因此，威尼斯政府后来改变策略，变成让市民自愿贷款，并允许投资者随时将债权变现。到了1262年，威尼斯政府进一步将现有债务整合到一个基金，并用特定的商品税来作为债务支付的保证，同时确定了5%的年利率。

与此同时，相比威尼斯共和国，热那亚共和国的市民权利较大，无法采用强制的方法。为应对战争等临时支出，热那亚共和国打造了一个独特的机制，将用于偿还贷款本金和利息的税收托付给由投资者组成的财团，并以税收征收权作为抵押。这个财团基于此发行了年度7%股息的投资证券以筹集资金。这种财团的形成是临时性的，每次筹集资金时都会组建，到了1453年，这些投资资金合并成了一个单一基金。

差不多同一时期，北欧地区的荷兰和莱茵兰等城市国家也探索了自己的公债路径。它们开始发行以关税和商品税为担保的年金国债。这种国债无须偿还本金，但每年需支付相当于本金的利息。为了方便公债买卖，15世纪的荷兰甚至设立了专门管理公债的银行。

在1648年，荷兰七省宣布独立后，其独立身份在《威斯特伐利亚和约》中得到正式承认，成为荷兰联邦共和国。但荷兰的独立并未带来和平，国家接连卷入奥地利王位继承战争、英荷战争、西班牙继承战争等多场冲突。这一时期的连续战争导致了荷兰公共债务的大幅增加。从1715年起，荷兰的公共债务一度超过其国内生产总值（GDP）的200%。尽管面临如此巨大的债务压力，荷兰政府发行的年金国债却依然保持了极高的信誉。这种情况一直持续到1790年代，其间荷兰年金国债的长期利率相对较低，甚至低于英国国债和法国国王的私人债务利率。这一现象体现了投资者对荷兰政府在财政管理上的信任，以及对其偿还债务能力的坚信。这种信任和信誉在当时是异常罕见的，充分展示了荷兰在财政和债务管理方面的独特能力和极高效率。

在17世纪至18世纪期间，欧洲的经济和金融体系经历了显著的变革。意大利的城邦和荷兰共和国在这一时期因其资本密集型的经济特征而在经济史上占据了显著地位。历史学家蒂利将这些小型共和国的经济模式定义为"资本密集型"，并强调他们创造的公债制度是"资本化强制"的一个例证。

荷兰的公债制度被认为是当时的金融创新，被称为"荷兰金融"

（Dutch Finance）。该制度允许政府通过发行年金国债来筹集资金，其中公众可购买这些年金作为一项未来的投资。这种金融模式在1688年的"光荣革命"之后被引入英国。奥兰治亲王威廉，作为英国的威廉三世，引入了基于荷兰金融体系的金融制度来筹集反法战争的军费。1692年12月，英国通过了第一部关于国债的法律，并于次年1月开始发行期权年金国债。

到了1694年，为了筹集反法战争的巨额军费，英国政府设立了英格兰银行，以进行长期贷款。英国政府授予英格兰银行独家发行银行券的权利，并接受银行券和同行存款作为税收的支付手段。这一措施确立了英格兰银行券作为"国民货币"的地位。这些金融创新对欧洲的经济和金融体系产生了深远影响。

四、战争与金融市场

自中世纪晚期或文艺复兴时期以来，英国、巴塞罗那、威尼斯等国家与地区就已经开始利用银行体系来筹集战争资金。这种模式在美国尤其明显，特别是在南北战争期间。当时美国政府实行了一系列货币垄断政策，包括禁止私人铸币和建立国立银行，这些银行以国债为基础发行银行券。然而，并非所有国家都采取了货币垄断的策略。在18世纪到19世纪初的苏格兰、南北战争前的美国，以及19世纪到20世纪初的加拿大和澳大利亚，银行券的发行较为宽松，自由银行业得以广泛发展。在德国和意大利统一之前，私人银行也有权自由发行银行券。这些历史事实揭示了一个重要的观点：国家对货币的垄断并非仅仅出于提高交易便利性这一目的，更多是为了加强国家的对内巩固与对外防御能力。

英国金融体系的形成与金融市场新机制的崛起紧密相关，这可以被视为现代经济体系中金融系统的原型。在工业革命前，英国就已经经历了一次"金融革命"。在18世纪到19世纪期间，为应对频繁的战争，英国政府发行了大量国债，推动了债券市场的显著发展。债券和股票作为竞争性的金融资产，相互促进了股票市场的发展。这样，金融市场的起源也与战争紧密相连，印证了资本主义起源于战争的观点。

尤其在拿破仑战争期间，英国国债在伦敦证券交易所的上市证券中占有极大比例，1853年时占到了70%。到了1913年，在60年间，虽然伦敦证券交易所上市证券的总交易量增长了约8倍，但国债的比例却下降至不到10%。然而，随着世界大战的爆发，国债的比例又开始显著上升。这些变化反映了金融市场与国家战争需求之间的复杂关系。

同时，战争对金融市场发展的推动带来了周期性金融危机这一副作用。据经济历史学家查尔斯·金德尔贝格（Charles P. Kindleberger）的统计，从18世纪到19世纪，英国共经历了13次金融危机，大致每十年发生一次。这些危机发生在1720年、1763年、1772年、1792年、1797年、1810年、1815—1816年、1819年、1836年、1847年、1857年、1866年和1890年。[①]为应对这些频繁的金融危机，政府采取了一系列财政政策和中央银行的金融政策，这些政策和机构的形成与战争紧密相关。

五、走向债务国家

熊彼特深入探讨了近代国家形成过程中的财政历史，并提出了"税收国家"这一概念，用以描述主要依赖税收进行资金筹集的国家

---

① Charles P. Kindleberger, *Manias, Panics and Crashes: A History of Financial Crises*, Macmillan, 1996, pp.204–209.

体系。这一概念源自财政社会学创始人鲁道夫·葛德雪（Rudolf Goldscheid）的思想。1918年5月，熊彼特在葛德雪主办的活动上发表了一篇影响深远的演讲，题为"税收国家的危机"。葛德雪作为一位专注于财政史研究的学者，认为依靠税收的国家最终必然会转向债务国家。他的观点是，一个税收国家通常是资源和经济能力有限的"贫穷国家"，难以满足日益增长的财政需求，因而最终会转变为"债务国家"，通过借款来满足更大的资金需求。①

在19世纪末到20世纪初，欧洲正处在帝国主义的扩张、全球化的发展、第一次人口转变和第一次世界大战等多重危机和社会变革的冲击下。在这一时代背景下，葛德雪一生的工作成就了他作为"社会国家之父"的称号。②

面对人类生活方式的剧变和挑战，葛德雪坚定地主张国家为社会的所有成员免费提供教育、公共卫生服务和养老金。然而，现实情况是国家往往并没有强大的财政基础来实现这些社会理想，反而更多是处于"贫穷国家"的财政赤字状态。葛德雪坚信，"只有富裕的国家才能成为公正的国家"。他不仅提出了我们为何只有"贫穷的国家"而不是"富裕的国家"的问题，而且还提出了一种新的财政社会学分析方法。③他批评了德国财政学的理想化倾向，认为其将国

<hr />

① R. Goldscheid, "A Sociological Approach to Problems of Public", in R. Musgrave et al. (eds.), *Classics in the Theory of Public Finance*, Macmillian, 1967.

② G. Exner, "A Berlin(Population) Statistician as a Forerunner of the Concept of the 'Human Capital', Ernst Engel (1821–1896) and His Influence on Rudolf Goldscheid's Concept of 'Economy of Human Beings' and the 'Organic Capital', " https://epc2010.eaps.nl/abstracts/100043.

③ 关于财政社会学和葛德雪可以参考井手英策等编写的《财政社会学是什么》和大岛通义著《预算国家的危机：从财政社会学看日本》，这两本书都由笔者翻译后在国内出版发行。

家先验地视为伦理存在，而忽视了实际的"经济和国家"的关系。葛德雪的贡献在于他通过分析税收和财政，揭示了国家的实际情况，并在此基础上深入探讨了社会的命运。他指出，"公共收入的起源和构成能够明确社会整体的发展，乃至国家和个人的命运"，并强调了从税收国家到债务国家的必然转变。在他看来，国家已经转变为"由统治阶级强加的财政组织所定义的、统治阶级的工具"。持续对税收抱有"敌意"的资本家，为了防止过多损失，最终导致了财政"不可避免地会陷入债务的命运"。

葛德雪的观点开创了"阶级国家模型"。在此模型下，他强调了税收国家通过处理对税收的"敌意"转变为债务国家的过程。这一理论框架不仅探讨了国家与社会的互动关系，还将国家始终置于经济结构和资本关系中进行分析，为理解国家财政和社会发展提供了新的视角。

财政军事国家的演进：
财政在英国工业革命中扮演的角色

一、为何是英国

资本主义"选择"西欧作为发源地，而非中国或伊斯兰世界，这个问题长期以来一直是经济历史学家探讨的重点。尽管中国与伊斯兰世界在中世纪和近现代初期在科技成就上不逊于欧洲，并且诸如火药、活字印刷和指南针这些重要发明都源于中国，但资本主义和工业革命却在英国而非中国、伊斯兰世界，甚而也非法国、荷兰或其他地区率先爆发，背后的原因始终引人深思。

历史学家戴维·兰德斯在著作《解除束缚的普罗米修斯：1750年迄今西欧的技术变革和工业发展》（华夏出版社 2007 年版）中对此提供了一种解释。兰德斯强调了民间企业在商业、工业和金融领域的重要性，以及理性精神在控制自然和社会环境方面的影响。他认为，这些因素在近代初期的欧洲地缘政治环境演变中得到了充分的体现。

在那时，欧洲由于宗教改革等原因，形成了多个小型自治国家，而不是像中国或伊斯兰世界那样的大一统帝国。这些小国在政治和经济上相互竞争，常常爆发战争。国王们为了筹集战争资金，不得不依赖商人阶层，这限制了他们对国家权力的行使，从而促进了民间经济的活跃。例如，15 世纪统治佛罗伦萨的美第奇家族，就是一个明显的例子。

宗教改革在西欧引发的斗争不仅导致了基督教世界的分裂，消除了正统派的统治，而且促进了个人信仰和良心得到重视。这种重视推动了对自由科学精神的探索，对自然科学和社会科学的发展起到了关键作用。同时，各国之间的竞争和冲突推动了科学知识和技术的实用化，特别是在增强军事力量和国家财富等方面。这种地缘政治背景促成了重商主义的兴起，为近代初期欧洲的工业化和资本主义起源提供了适宜的环境。

特别是在英国，工业革命的发生得益于一系列复杂的历史和社会因素。其中有四个因素尤其关键。

第一个因素，"光荣革命"和财产权的安全性。道格拉斯·诺斯指出，1688年的"光荣革命"确保了财产权的安全。此举结束了斯图亚特王朝的财政专横，使得议会得以掌控财政问题，为经济增长和工业革命提供了良好的环境。

第二个因素，金融革命。随着财产权安全性的提高，资本成本降低，资本市场得以迅速发展，特别是出现了所谓的"金融革命"，为工业革命提供了资金支持。

第三个因素，军事革命和国家统治形式的变化。16—17世纪，频繁的战争和火器的使用改变了战争形态和军事组织，三十年战争推动了军队组织合理化和官僚制度化，中世纪宪政主义被"军事官僚绝对主义"所取代。

第四个因素，地缘政治环境和战略结盟。英国、荷兰和某些德意志邦国等保留了议会制度和较多的地方自治特征，而法国、西班牙等则发展为更趋于中央集权的国家。英国作为岛国，通过海战和小规模战斗的形式展开战争，减轻了国内资源的动员压力。在对外战争中，英国通过与其他欧洲大陆国家结盟，巧妙地平衡了权力，减轻了国内资源的动员负担。

比如，英国在西班牙王位继承战争（1701—1714）中，与奥地利哈布斯堡王朝结盟，共同对抗追求欧洲霸权的法国。这种结盟使英国能够集中资源用于海上战争，而将陆地作战主要留给盟友。比如，在七年战争（1756—1763）中，英国与普鲁士结盟，对抗法国、奥地利、俄罗斯和瑞典的联盟。这使英国能够专注于其海外殖民地的扩张，而在欧洲大陆上，则由普鲁士承担主要的陆战压力。再比如，在拿破仑战争期间（1803—1815），英国与奥地利、普鲁士和俄罗斯等国家形成了反法同盟。这种多国联盟战略让英国能够利用其海上优势和经济实力，而不必承担过多的陆地战争负担。

因此，英国工业革命的发源不仅是一个经济现象，还深受其历史、政治、法律和地缘政治环境的影响。这些因素共同塑造了有利于创新、投资和工业化的环境，使英国成为工业革命的发源地。

在17世纪到18世纪的欧洲，大国之间的霸权战争连绵不断，包括英荷战争（1652—1654）、九年战争（1689—1697）、西班牙王位继承战争（1701—1714）、奥地利王位继承战争（1740—1748）、七年战争（1756—1763）、美国独立战争（1775—1783）、法国革命战争（1792—1802）、拿破仑战争（1799—1815）等。在这一时期，战争资金的筹集成了一个重要问题。法国虽然以其绝对君主制而知名，却在财政权力方面受到极大限制。贵族和其他势力的反抗使得国内增税变得非常困难，不得不依赖销售官职和脆弱的财源借款，许多时候甚至造成了违约。然而，英国的情况截然不同。1688—1815年，英国政府的支出急剧扩大，主要集中在军事费用上，税负甚至比绝对君主制的法国和西班牙更重。税务官员数量在1690年到1782年与1783年间增加了3倍，达到8300人。英国建立了强大的中央集权国家体制，而非小政府和低税赋的理想国家①，历史学家约翰·布鲁尔将其称为"财政军事国家"②。

二、财政、税收和中央银行

英国的转变始于17世纪后半叶的内战和革命。清教徒革命导致的创伤促使统治阶层达成共识，通过强大的、中央集权的国家来维持稳定。斯图亚特王朝废除了传统分散征税的方式，建立了更专业、更高效的税收机构，这成为现代官僚制度的原型。1688年"光荣革命"后，行政机构的扩张仍在继续，特别是与法国的九年战争（1689—1697）的爆发需要继续筹集战争资金。以这场九年战争为契机，1694年英国成立了英格兰银行。英格兰银行以8%的利率借给政府120万英镑，以换取作为一家私人合作银行在资本范围内发行银行券的资格。它与政府的密切合作不仅在财政上增强了政府权力，还提高了自身的国内信用度和资金的流动性。英格兰银行逐渐演变成了一家在政府和金融市场之间起到中介作用的现代中央银行。

通过调整财政、税收和与中央银行的合作，英国政府成功地扩大了国家债务，以适应战争支出的持续增长。英国的国家债务总量从1697年的1100万英镑增加到1815年的8612万英镑。但与此同时，英国经济也在迅速增长，国民收入从1697年的5800万英镑增加到1815年的17.85亿英镑，因此债务占国民收入的比例并未急剧增加。

---

① 包括亚当·斯密等在内的学者都推崇英国的自由放任主义，认为低税赋和小政府是形成资本主义和工业革命的基础。布鲁尔从战争或者战争准备的军事角度推翻了对英国产业革命前后历史轨迹的既有思维。不仅如此，英国作为一个军事大国，依赖的军事费用往往并非来自国内。印度作为英国最大的殖民地，为英国提供了丰厚的军事资金。关于这一点，我们会在下面章节中详细讨论。

② John Brewer, *The Sinews of Power : War, Money and the English State, 1688—1783*, Harvard University Press, 1990.

英国历史上第一位首相罗伯特·沃波尔（Robert Walpole），在1720年代采取了一系列重要的财政改革措施，极大地促进了英国作为一个财政军事国家的发展。沃波尔的税制改革削减了地租，并相应提高了消费税，主要目的是通过对普通消费者广泛征收消费税，以确保有足够的税收支付公债利息。沃波尔税制改革的第二个目的是获取地主阶级的支持，以实现政治稳定。金融革命之后，新兴的金融阶级作为公债的持有者逐渐壮大，而传统的地主阶级对被征税的情况日渐不满。沃波尔通过降低地租来讨好地主阶级，吸引他们支持政府。随着金融革命的深入和资本市场的发展，地主阶级开始积极投资公债和股票，也从财政赤字中获利，成为公债的持有者。政府成员同样成为公债持有者，这使作为债权人的地主阶级和作为债务人的政府成为拥有共同利益的群体。这一现象增强了公众对公债的信任，使英国政府能够以较低的利率发行公债。这也是前文提到的"荷兰金融"的必要条件。

布鲁尔强调，当时的英国拥有先进的商业社会，这也加强了其发展财政军事国家的基础。与分散的农业经济相比，英国的规模化农业、得到整合的国内市场和普及的货币经济，使其征税更加容易。此外，商业社会的经济相互依赖使国家更为统一，更容易动员资源，从而为财政军事国家的扩展提供了坚实的基础。

而强大的财政军事国家又为英国创造了实现工业革命的环境基础。具体内容可以总结为以下五点：

第一点，金融革命。1694年设立的英格兰银行在金融革命中起了决定性作用，促进了国家的支付结算体系的建立与完善，从而使工业地区能从资本充足的农业地区获得充裕的资金。特别是在工业革命初期，银行信贷对运营资本的重要性超过固定资本。

第二点，军事需求的推动。战争带来的军事需求成为英国国家工业化的催化剂。英国的生铁需求，从1700年的1.3万吨到1.4万吨增长到1806年的25万吨，需求的变化，推动了能源从木头和木炭向煤炭的转变，并促进了钢铁产业的发展。

第三点，海外市场拓展与殖民地的占领。英国通过强大的海军力量占领了大量海外市场和殖民地，保证了原材料供应和产品销售。与此同时，通过征收国内消费税进行战争筹资，抑制了国内消费需求，使英国更加需要增加外需。在近代初期，贸易与经济繁荣关系密切，特别是对国内市场相对较小的英国等国来说，在实现工业革命的过程中，不被其他列强夺走海外市场至关重要。

第四点，贸易保护主义与产业保护政策。英国在工业革命之前和之后都采取了一系列保护贸易和产业的政策。例如1651年的"航海法"、1721年首相沃波尔的关税改革等，都有助于保护和促进国内产业的发展。

第五点，自由贸易的转变。虽然英国的制造业优势在1815年之前就已确立，但它真正转向自由贸易政策是在1850年代之后。所以，英国其实是在确立了技术领先地位后，才转向自由贸易政策。这样一来，其他国家的不同命运，便与之形成了鲜明对比。

值得注意的是第四点和第五点之间的关系。

英国工业革命经常被与自由贸易联系在一起，人们普遍认为纺纱机（1769）、动力织机（1785）、蒸汽机（1769）等的发明使英国占领了世界市场，成为经济霸主。然而，这一观点值得深入探讨。

首先，与自由贸易形成鲜明对比的是英国历史上的保护主义政策。1651年的"航海法"（规定英格兰的贸易只能用英格兰船进行）排除了荷兰等竞争对手，1721年沃波尔首相的关税改革振兴了制造业，并对某些出口产品提供补贴（如丝绸、火药、帆布和精糖等）。工业革命后，英国的制造业竞争力已经远远超过了其他欧洲国家，但英国依然继续实行保护贸易和产业的政策。英国的进口关税高达45％—55％，高于任何其他欧洲国家，甚至还禁止进口某些殖民地产品（如爱尔兰的羊毛制品和印度的更纱）。这些保护措施，凸显了英国非自由贸易的一面。

英国与荷兰的对比也揭示了保护主义与自由贸易之间的差异。与英国的贸易保护政策相对，荷兰实行自由贸易，却在世界市场上失去了棉纺织业的份额。19世纪的英国对非西方世界实施了一种特殊的"自由贸易"，以强大的军事力量作为支撑，通过贸易条约迫使其他国家市场开放。约翰·加拉格尔（John Gallagher）和罗纳德·罗宾逊（Ronald Robinson）称其为"自由贸易帝国主义"[1]。

正如前文所述，英国工业革命成功的背后，有一个强大的财政军事国家结构在提供支撑。这包括了健全的金融体系、不断增长的军事需求、海外扩张的丰厚成果，以及灵活多变的贸易政策。这些因素共同构成了英国成功展开工业革命的坚实基础。在接下来的讨论中，我们将进一步深入探讨作为一个财政军事国家的英国，与其殖民地印度之间的财政关系。

---

[1] John Gallagher and Ronald Robinson, "The Imperialism of Free Trade," *The Economic History Review*, Vol.6, No.1, 1953.

第三章

财政军事国家英国：
自由放任主义的幕后

英国的"廉价政府"
与作为其军事财政支撑的印度

一、被理想化的英国

在经济自由主义的历史舞台上，英国无疑扮演了一个关键角色。自18世纪以来，经济自由主义在理念上引领了从古典经济学到现代新自由主义经济学的转变，其影响之深远，已形成了一种强大的"意识形态"。这种思想不仅塑造了经济政策，还深刻影响了政治哲学和社会价值观。然而，尽管自由主义理念占据了讨论的中心位置，但英国实际上在很大程度上并未完全贯彻这些理念，尤其是在对内和对外政策的实施上。这种理念与实践之间的差异，在英国的近代史中尤为突出。这为我们理解经济思想与现实政治之间的复杂关系，提供了一个独特的视角与案例。

18世纪末至19世纪初的英国，被广泛视为经济自由主义的摇篮。

在这一时期，英国采取了一系列开创性的经济政策，如废除保护国内农业的《谷物法案》、取消限制外国船只的《航海法案》，以及逐步降低并最终取消关税，这些措施共同促进了自由贸易的兴起，同时也标志着小政府理念的实践。这种对自由市场的强调，不仅推动了英国国内经济的发展，还巩固了英国在国际舞台上的影响力。亚当·斯密的《国富论》强调市场的"看不见的手"能够有效地分配资源，从而实现社会福利的最大化，为这一时期的经济思想打下了理论基础。

然而，值得注意的是，英国的这些政策并非在一夜之间形成，而是经过长期的演变和调整。例如，《谷物法案》的废除是在激烈的政治辩论和社会冲突中才得以实现的，反映的是工业利益集团与地主阶级之间的权力斗争。同样，《航海法案》的废除，也是在英国已经确立了海上霸权的背景下才得以实施的。这些细节揭示了英国经济政策的复杂性，以及其背后的政治社会因素与国际环境考量。

在日本，英国的这种形象被推到理想化，并被视为现代国家治理的典范。基于个人主义，日本确立了近代市民社会，并追求"自由、平等、博爱"的国家原则。近代英国的这种形象，对日本的现代化进程产生了重要影响。日本视英国为"学习的榜样"。福泽谕吉等明治时期的思想家在其著作中大力推崇英国的政治经济制度，将其视为日本现代化的蓝图。这种理想化的观点对日本的教育体系和政策制定产生了深远影响，塑造了日本对西方，特别是英国的认知。然而，英国的近代史实际上并不像理想中那样单纯。

历史并非单一、线性地往前发展。英国虽在理论上倡导经济自由主义，但在实践中却不断在全球市场中寻求占据支配地位，特别是在19世纪中叶之后，英国在追求国内财政平衡和小政府维持的过程中，同时也在国际层面上强力推动自由贸易，将其政治和经济影

战争与财政

响力扩散到亚洲和非洲。这种扩张不仅基于经济利益的追求，也是当时英国全球殖民战略的一部分。

英国的这种双重标准在其殖民政策中表现得尤为明显。虽然在本国推行自由主义政策，但在殖民地，英国政府却常常采取高度干预和保护主义的做法。例如，在印度，英国政府通过东印度公司实施了严格的贸易管制和资源垄断。这种做法与其在欧洲推广的自由贸易原则形成了鲜明对比，揭示了帝国主义与经济自由主义之间的显著矛盾。

此外，英国的自由主义政策也并非一成不变。在面对国际竞争和经济危机时，英国政府也会采取保护主义措施。例如，在19世纪末20世纪初，面对德国和美国的工业崛起，英国开始重新考虑其自由贸易政策，这最终导致了1932年《渥太华协定》的签署，英联邦特惠关税体系由此建立。

在探讨近现代英国如何维护其全球霸权地位的问题时，学者们提出了多种概念与解释。其中，上一章提到的"自由贸易帝国主义"这一概念由约翰·加拉格尔（John Gallagher）和罗纳德·罗宾逊（Ronald Robinson）提出，强调英国维持帝国地位背后的支撑力与驱动力是其强大的军事和财政能力。这个观点揭示了19世纪英国推行自由贸易政策的背后逻辑，该政策的推行实际上是英国凭借强力的国家机器在运作，而不是单纯的市场力量。

历史学家约翰·布鲁尔（John Brewer）将英国描述为一个"军事财政国家"，强调18世纪的英国政府和军事力量的紧密结合。布鲁尔的研究表明，财政力量是英国军事力量的重要支撑。这一观点挑战了传统的自由主义叙事，强调了国家在英国经济发展中的核心作用。

进一步分析会发现，尽管英国地理位置的优势使其在很多时期都能避免直接卷入欧洲大陆的冲突，但其在全球的扩张与统治却需要强大的财政和军事力量作为支撑。这引出了一个重要的问题：英国如何在强调财政纪律和小政府的同时，筹集和维持庞大的军事开支？

对此，日本经济学者金子胜在2022年的研究中提供了深刻见解。他指出，英国的国家财政管理远比表面上看起来复杂，不仅包括本土财政，还涉及庞大的殖民地财政网络。在这个精心设计的财政体系中，印度作为英国最重要的殖民地，扮演了至关重要的角色。印度的财政贡献实际上是英国维持全球政治和军事霸权的关键支柱。金子胜的研究揭示，印度不仅为英国提供了一种低成本的政府运作模式，更重要的是，它承担了大量的帝国军事费用。

这一发现进一步深化了我们对经济自由主义在全球历史背景下复杂性的理解。金子胜的研究清晰地展示了英国如何巧妙地利用殖民地财政，尤其是印度的财政支持，来维持和扩张其庞大的帝国体系。这种依赖不仅仅局限于军事费用的直接支付，还包括对英国全球战略和政治目标的全方位的资金支持。通过这种方式，英国得以在本土维持"小政府"的表象的同时，在全球范围内推行其帝国主义政策。

金子胜的研究对于我们理解19世纪英国的全球霸权具有重要意义。它有力地证明，即便在自由贸易理念盛行的时期，英国的帝国主义策略和政策选择，实质上仍然是国家干预和殖民地剥削的产物。这种复杂的财政策略不仅深刻影响了当时全球经济和政治结构的形成，其遗留效应至今仍在塑造着全球化的经济和政治格局。

通过金子胜的分析，我们得以更加清晰地认识到，英国的全球霸权地位，并非单纯依靠市场力量或自由贸易原则自然形成与获得。相反，它是通过一系列精心设计的国家政策和殖民地管理策略实现

　　　　　　　　　　　　　　　　　战争与财政

的。这种认识挑战了传统的自由主义叙事，揭示了帝国主义扩张背后的财政机制，为我们重新审视19世纪全球政治经济格局提供了新的视角。

金子胜的研究不仅丰富了我们对英国帝国历史的理解，也为当代全球经济关系的研究提供了重要启示。它提醒我们，在分析国家经济政策时，不能仅仅关注表面的理论宣称，还需要深入考察其背后的权力结构和利益分配机制。这种视角对于理解当今复杂的国际经济关系和全球治理问题同样具有重要的参考价值。

二、廉价政府和高价政府

为何印度能够在英国走向全球霸权地位这一进程中发挥如此关键的作用？这个问题的答案深植于英国殖民统治的复杂历史中。尽管英国在美洲也有重要的殖民地，但英国在美洲的殖民经验与印度截然不同。英国政府曾试图在美洲殖民地增加税收，结果却激起了激烈反抗，最终导致了美国独立战争。这一历史事件的根源十分复杂：首先，七年战争（1756—1763）后，英国为偿还巨额战争债务，决定向美洲殖民地征收更多税收，忽视了殖民地在战争中做出的贡献，并对其增加了额外的负担。其次，美洲殖民地坚持"无代表，不纳税"原则，认为没有在英国议会中的代表，英国政府就无权对他们征税。再次，英国议会通过的一系列争议性法案，如《糖税法》《印花税法》和《茶叶法》，进一步激化了双方的矛盾。最后，殖民地已建立的自治传统、经济利益冲突、文化认同差异、启蒙思想的影响，以及英国政府的强硬态度，都是导致冲突升级的因素。这些因素共同作用，促使原本相对独立的殖民地团结起来，并在一批有能力的政治领袖的领导下，最终引发了美国独立战争。这一历史事件清晰地展示了，向殖民地转移税收负担并非总是顺利的，甚至可能引发颠覆性的后果。

相比之下，英国在印度的统治模式呈现出截然不同的图景。英国政府通过东印度公司这一独特的机构从印度提取税收，并逐步将这家最初的贸易公司转变为一个依靠税收支持的领土统治机构。与美洲殖民地的情况不同，印度的这一转变过程相对"成功"，这突显了印度在英国殖民体系中的特殊地位。这种统治模式的差异，不仅反映了英国殖民策略的演变，也揭示了不同地理、文化和社会背景下殖民统治方式与成效关系的复杂性。

要深入理解19世纪英国财政作为扩张中的大殖民地帝国财政的逻辑，首先必须认识到殖民地财政的重要性。尽管当前研究很少揭示这一庞大财政体系的具体规模，但幸运的是，金子胜从英国议会资料中整理出了殖民地财政的大致规模和变化过程。虽然这些资料并不完整，但它们至少在一定程度上反映了这一财政体系的整体规模（表3-1和表3-2）。通过查看金子胜所整理的数据，可以清楚地看出印度财政在整个英国殖民地财政中占有的重要地位。印度对英国财政的贡献巨大，是支撑英国全球霸权地位的关键因素。

19世纪中叶到19世纪末，英国作为一个全球霸权国家，殖民地遍布大西洋、印度洋和太平洋三大洋，其殖民地财政见证了大英帝国的扩张和维持。这一时期，英国殖民地的财政支出经历了显著增长，反映了帝国扩张的步伐和规模。据英国议会资料显示，1846年殖民地财政支出为2865万英镑，其中印度独占承担了2712万英镑，占总额的比例达到惊人的94.7%。这一数据清晰地展示了印度在英国殖民财政体系中的核心地位。

25年后的1870年，殖民地财政支出激增至7288万英镑，其中印度财政支出也几乎翻倍，达到5338万英镑。这种激增与英国本土的财政支出形成鲜明对比。米切尔和迪恩的研究表明，克里米亚战争期间英国本国的财政支出基本稳定，从1846年的5370万英镑小幅增加到1870年的6710万英镑①。这一对比凸显了殖民地财政，特别是印度财政，在英国帝国扩张中的关键作用。

殖民地财政支出从1846年英国本国财政支出的一半增长到1870年时已超过本国支出，反映了英国本土财政支出的静止状态（即"廉价政府"）与殖民地财政支出的迅猛增长（或称"高价政府"）。这种双轨制财政政策不仅体现了英国帝国管理的复杂性，也揭示了其维持全球霸权的财政策略。

公债余额的变化同样展现出这一趋势。在不到20年的时间里，殖民地公债余额从1852年的约6060万英镑膨胀到1870年的约1.7085亿英镑，增长了近三倍。相对而言，英国本国的公债余额却从1846年的7.872亿英镑略微减少至1870年的7.4150亿英镑。这一对比进一步印证了英国在维持本国"廉价政府"的同时，通过殖民地，特别是印度，实现财政扩张的策略。

值得注意的是，这一财政扩张并非依靠英国本国的资金转移，而是通过在殖民地发行公债来实现。这种做法不仅减轻了英国本土的财政压力，还巧妙地利用了殖民地的资源和信用。这种财政操作反映了英国政府在管理帝国财政时的高超技巧，也揭示了殖民统治对被统治地区经济结构的深远影响。

在19世纪英国的殖民扩张中，印度的财政支出在英国殖民地系统中占据压倒性比重，这一点在英国向外部和内部扩张的进程中尤为显著。尽管印度的相对比重有所下降，但仍然保持了整个英国殖民地财政支出的七至八成。可见印度作为英国殖民地体系中心轴的

---

① B.R. Mitchell, Phyllis Deane, *Abstract of British Historical Statistics*, Cambridge University Press, 1971, p.397.

重要地位，以及英国对印度资源的深度依赖。

这种财政结构不仅反映了英国的帝国管理策略，也深刻影响了印度的经济发展和社会结构演变。通过将大量财政负担转移到印度，英国得以在本土维持相对低的税收和公共支出水平，这在一定程度上有助于其国内经济的发展和社会稳定。然而，这种做法对印度的长期发展产生了深远的负面影响，加剧了殖民地与宗主国之间的经济不平等。

1857—1859年的印度民族大起义，对这种殖民统治模式提出了严峻挑战。这场起义在英国被称为"印度兵变"或"叛乱"，而在印度则被视为民族独立战争，是英印关系的一个重要转折点。金子胜对这一时期印度的财政支出结构进行了深入分析，并揭示了殖民统治的本质。他指出，在起义前，印度的财政支出结构相对稳定，约一半用于军费，若再加上司法警察费用，则军费占总支出的60%以上。这清晰地表明，在英国统治下，印度政府的财政本质主要是军事（战争）财政。到1860年，印度的陆军费用已不仅与英国本国相当，甚至超过了1.4倍，在英国帝国军事体系中牢牢占据核心位置。

金子胜进一步阐述，印度财政长期充当英国的辅助军事财政的角色，这是英国殖民地财政迅猛增长的主要原因之一。这种军事财政结构的形成并非出于印度人民的意愿，而是英国利用印度资源支持其帝国主义扩张的结果。英国的征服战争与印度国内的财政赤字相互作用，使印度陷入慢性财政赤字的困境，同时还伴随着公债的不断增长。这些公债增长往往与英国在印度的重要军事行动密切相关。①更为关键的是，由于战争费用由印度承担，英国本土纳税人无须负担这些开支，英国议会也就无须对这些战争费用进行审议，从而在一定程度上规避了英国国内的民主监督。

通过分析英国本土的"廉价政府"政策，我们可以清晰地看到，英国为了维持和扩张帝国版图，几乎将所有必要的支出（包括军事和公债费用）都转嫁给了印度。英国在国内严格控制支出，在印度却完全释放。由此，英国巧妙地将殖民地印度转变为其军事财政的工具，通过支配和转移财政负担，为其全球霸权地位奠定了坚实的经济基础。

总的来说，英国的"廉价政府"和殖民地的"高价政府"这一双轨制财政政策，是19世纪大英帝国维持全球霸权的核心机制。这种财政策略不仅支撑了英国的全球扩张，也深刻塑造了当时的国际政治经济秩序。理解这一历史背景对于我们分析当代全球经济不平等和国际关系的复杂性具有重要意义。它提醒我们，在研究经济政策和国际关系时，需要超越表面现象，深入探究权力结构和资源分配的根本机制。

---

① Jitendra G.Borpujari, "The Impact of the Transit Duty System in British India," *The Indian Economic and Social History Review*, Vol.10, No.3, 1973, pp.218-241; Mahatma P.Gandhi, *The Indian Cotton Textile Industry*, The Book Company(Calcutta), 1930, pp. 36-38.

表3-1 英国殖民统治地区的财政支出额变迁

单位：英镑

国家与地区	1852年	1855年	1860年	1865年	1870年
印度	27098462	30753456	51861720	46450920	53382026
（总额占比）	(82.6%)	(79.3%)	(79.2%)	(72.7%)	(73.3%)
海峡殖民地（straits settlements）	—	—	—	375242	267617
锡兰	412871	405610	705440	838193	1026871
毛里求斯	283053	317830	500854	667716	591579
纳闽岛（Labuan）	6208	3416	8409	7484	7302
中国香港	34765	40814	72391	195376	183596
澳大利亚 新南威尔士（New South Wales）	600322	1675024	2047955	2314794	3298353
维多利亚（Victoria）	978922	2612807	3315307	2229747	8428382
南澳大利亚	140047	805418	620602	809159	949592
西澳大利亚	34777	49241	61745	74985	113046
塔斯马尼亚（Tasmania）	177467	393195	403194	353456	—
新西兰	—	—	—	2906332	2979726
昆士兰（Queensland）	—	—	180103	459026	812238

国家与地区		1852年	1855年	1860年	1865年	1870年
马尔维纳斯群岛（Falkland Islands）		6102	5354	5427	8616	—
纳塔尔（Natal）		31806	33894	80385	169214	
开普殖民地（Cape Colony）		252495	329565	729690	870089	795695
圣赫勒拿（Saint Helena）		15944	16866	22294	20603	18943
黄金海岸（Gold Coast）		6401	8501	9558	—	35609
塞拉利昂（Sierra Leone）		26430	32418	31186	48490	68041
冈比亚（Gambia）		13263	15210	15274	17151	21987
北美	加拿大（安大略和魁北克）	—	—	2988557	2685482	2988648
	新不伦瑞克（New Brunswick）	129356	138353	174419	189679	—
	新苏格兰（Nova Scotia）	113786	—	116991	220471	
	爱德华王子岛（Prince Edward Island）	14857	30198	41196	50634	70663
	纽芬兰岛（Newfoundland）	99310	133270	132667	156454	147844
	不列颠哥伦比亚	—	—	47171	141762	100523
	温哥华岛（Vancouver）	—	—	24054	90278	
百慕大		14891	15599	17405	35627	33202
洪都拉斯		18543	21511	30270	35614	26220
西印度群岛合计		548721	531518	750169	950055	989839

国家与地区	1852年	1855年	1860年	1865年	1870年
英属圭亚那	227070	239511	314858	300894	325185
直布罗陀(Gibraltar)	28384	29830	29035	33810	41921
马耳他	123086	127003	148303	167818	171788
总计	31437339	38765412	65486629	63875171	77876436

资料来源：根据金子胜：『イギリス近代と自由主義近代の鏡は乱反射する引』，筑摩書房，2022，第58页，由笔者绘制。

表3-2 英国殖民统治地区公债余额的变迁

单位：英镑

国家与地区	1852年	1855年	1860年	1865年	1870年
印度	55114498	55531120	98107460	98477555	108186338
（总额占比）	(90.9%)	(82.3%)	(79.5%)	(70.9%)	(63.3%)
海峡殖民地(straits settlements)	—	—	—	—	—
锡兰	—	—	—	450000	700000
毛里求斯	—	—	—	900000	1100000
纳闽岛(Labuan)	—	—	—	—	—
中国香港	—	—	—	—	—

战争与财政

续表

国家与地区		1852年	1855年	1860年	1865年	1870年
澳大利亚	新南威尔士 (New South Wales)	212000	1011300	3830230	5749630	9681130
	维多利亚 (Victoria)	—	480000	5118100	8622245	11924800
	南澳大利亚	—	127000	870100	796200	1944600
	西澳大利亚	—	12939	1750	1750	—
	塔斯马尼亚 (Tasmania)	—	—	—	—	1268700
	新西兰	—	—	594044	4368682	7841891
	昆士兰 (Queensland)	—	—	—	1131550	3509250
马尔维纳斯群岛 (Falkland Islands)		—	—	—	—	—
纳塔尔 (Natal)		—	—	50000	110000	268000
开普殖民地 (Cape Colony)		—	—	368400	851650	1106458
圣赫勒拿 (Saint Helena)		—	—	—	—	10000
黄金海岸 (Gold Coast)		—	—	—	—	—
塞拉利昂 (Sierra Leone)		823	1963	2571	—	—
冈比亚 (Gambia)		—	—	—	—	—

	国家与地区	1852年	1855年	1860年	1865年	1870年
北美	加拿大（安大略和魁北克）	4291051	8885582	11977905	12864483	—
	新不伦瑞克（New Brunswick）	—	—	1035614	1249174	21016904
	新苏格兰（Nova Scotia）	—	8735	—	971706	—
	爱德华王子岛（Prince Edward Island）	5960		41420	71088	133797
	纽芬兰岛（Newfoundland）	111712	151805	182139	197506	242254
	不列颠哥伦比亚	—	—	5200	237986	—
	温哥华岛（Vancouver）	—	—	880	4000	322328
百慕大		—	—	—	500	11710
洪都拉斯		—	—	—	28239	29591
西印度群岛合计		868727	1184552	1063878	1081102	974664
英属圭亚那		—	4909	—	559517	582423
直布罗陀（Gibraltar）		—		—	—	—
马耳他		89690	88789	204114		—
总计		60604771	67489595	123338480	138928677	170854838

资料来源：根据金子胜：『イギリス近代と自由主義近代の鏡は乱反射する』，筑摩書房，2022，第 59 页，由笔者绘制。

战争与财政

对印度财政的依赖性：从历史角度剖析

一、印度人侵略印度

在19世纪大英帝国的构建中，印度所承担的"高价政府"模式及其军事财政对英国的殖民统治起到了关键作用。印度的军事财政结构在对国内的侵略统治和支撑英国的对外扩张中发挥了双重角色的作用，这种复杂的机制正是英国殖民策略的精妙之处。

自1857年印度民族起义之后，英国殖民统治模式发生了重大转变。英属东印度公司的管理角色终结，英国政府开始直接统治印度，将权力集中到了维多利亚女王手中。这一变革不仅标志着统治形式的改变，也意味着殖民管理策略的深刻调整。

印度民族起义前，英国在印度的军事政策展现出一些独特特征：印度士兵（sepoy，又称"西帕依"）的数量显著增加，而英国士兵的数量相对较少。在起义前，印度士兵的数量是英国士兵的四倍，这种比例反映了英国在印度对印度本土军事力量的依赖。英国巧妙地利用印度士兵来维持其在印度的殖民统治，从而极大地减少了英国自身的人力资源投入。这种策略本质上是一种"印度人侵略印度"的模式，通过利用本地人力资源来实现殖民统治，既节省了成本，又减少了直接统治可能引发的抵抗。

从财政角度来看，使用印度士兵的策略远比动用英国士兵更为经济。1832年英国议会的资料显示，印度士兵的成本仅为欧洲士兵的三分之一至四分之一。①这一显著的成本效益使得英国能以较小的军事财政支出维持在印度的统治，这种"廉价"的殖民策略对英国来说，意味着节省下来的资源可以在帝国其他地区进行更广泛的投资和军事行动。可见英国如何巧妙地利用殖民地的人力和经济资源来维持全球帝国体系。

英国对印度社会结构的利用体现在其对印度士兵政策的制定上。在当时，印度社会尚未形成坚固的民族意识，种姓和宗教的界限并非固定不变。英国统治者敏锐地察觉到了这一点，并加以利用。他们特别青睐战士种姓的印度士兵，赋予他们特权，实际上则将其塑造成英国政府的雇佣军。这种做法不仅降低了军事成本，还巧妙地利用了印度社会的内部分化，为英国的统治提供了一定的社会基础。

1832年英国议会特别委员会的证词，揭示了英国如何利用印度的社会结构实施其军事政策。英国巧妙地利用了印度士兵的特权意识，通过提供衣物、医疗津贴、晋升机会和养老金等优惠政策，强化了他们的特权，并将他们固定在英国的殖民统治结构中。通过尊重并利用其种姓和宗教特权，加强了士兵对英国的忠诚度。同时采取了一系列经过精心设计的措施，如给予勋章以激发斗志、在军队中实行隔离管理以确保服从，等等，巧妙地将印度士兵融入其殖民统治机构中。这一体系的核心是在战场上，军队由英国军官负责指挥，并全盘掌握对印度士兵的武装、服装（反映种姓地位）、薪酬和勋章等特权意识相关事务的控制。这种制度安排导致印度的"土著"军官在军队中的影响力几乎荡然无存，从而在士兵中形成了只有英国军官才有晋升希望的印象。这种政策不仅确保了军队的忠诚度，

---

① 金子胜：『イギリス近代と自由主義近代の鏡は乱反射する』，筑摩書房，2022。书中引用了1832年英国议会特别委员会中Watson中校的证词。

还在一定程度上分化了印度社会，削弱了可能形成的统一反抗力量，体现了英国在印度实施的军事财政结构的经济与高效——通过最小的本土成本维护其全球帝国的稳定和扩张。

然而，这种策略并非没有风险。印度士兵虽然在英国的统治结构中占据特殊地位，但他们对英国的统治并非一味顺从。历史记录显示，印度士兵经常出现小规模叛乱和反抗，这反映了殖民统治内部的矛盾冲突和紧张关系。为了应对这种潜在的不稳定因素，英国除了尊重士兵特权和实施分割隔离政策外，还施行了所谓的"力量政策"。在这项政策中，英国军队对印度士兵实施了严格的牵制作用，尤其体现在士兵比例和部署上。

1857—1859年的印度民族大起义，英国称其为"大叛乱"，是这一政策演变的重要转折点。起义之前，英国殖民者似乎对印度士兵持相对信任态度。然而，起义后，这种态度发生了根本变化。英国加强了对印度士兵的"力量政策"，包括回收大炮，增加英国士兵的比例等措施。金子胜的研究为这一转变过程提供了具体数据：起义之前，印度陆军中印度士兵数量高达31万余人，英国士兵则只有约4万人；起义后，到了1864年，英国士兵的数量增加至6.5万人，而印度士兵数量减少至14万人。在这一时期，英国士兵与印度士兵的比例从1856年的12.7%急剧上升至1864年的46.4%。[1]这一显著变化反映了英国对印度军队结构的有意调整，目的是确保更强的直接控制和减少潜在的叛乱风险。

英国还更进一步实施了"分割政策"，降低了高种姓印度士兵的比例，并根据印度社会分层结构进行士兵招募，以加强对印度社会

---

[1] 金子胜：『イギリス近代と自由主義近代の鏡は乱反射する』，筑摩书房，2022，第66页。

的渗透和统治。

总的来说，19世纪的英国帝国体系中，印度的军事财政发挥了关键作用。这种复杂的军事和财政策略不仅反映了英国统治者的政治智慧，也揭示了殖民统治的内在矛盾。它在短期内为英国提供了一种相对廉价和有效的统治方式，但长期来看，这种策略也埋下了潜在的反抗种子，最终可能导致殖民体系的崩溃瓦解。

二、帝国的"摇钱树"

回顾英国在印度的统治策略，我们可以清晰地看到印度如何成为支撑英国全球帝国形成与维持的财政支柱的过程。印度的这种角色不仅体现在直接受到英国的经济剥削上，而且更深刻地反映在整个大英帝国的军事财政结构中。

首先，驻印度英军的开支极为昂贵，尤其是军官费用。资料显示，尽管英国幕僚参谋只占全军的一小部分，却消耗了大量财政资源。这些支出完全由印度财政负担，形成了一种金字塔式的支出结构。这一种结构进一步巩固了英国在印度的殖民统治。[1]这种财政安排不仅保证了英国在印度的军事存在，还为英国本土节省了大量军事开支。

印度的财政在大英帝国的军事财政中扮演了核心角色。印度财政不仅支持英国在印度国内的英军开支，还扩展到了支持英国本国及其帝国其他部分的各项开支。印度不只是支付英国在印度驻军的费用，而且每年还需要向英国缴纳巨额款项，这些款项的流向覆盖了英军的各种费用，从假期和养老金津贴到征兵部门的费用，再到

---

[1] *Minutes of Evidence taken before the Select Committee on the Affairs of East India Company and also Appendix and Index*, 1832, V. Millitary, xxxi.

位于英国的军事学院支出①，几乎包括了所有与军队相关的开支，这使得英国军队在印度的存在，其实完全依赖于印度的财政。这种财政安排实际上是一种巧妙的资源转移机制，使得英国既能维持其全球军事存在，又无须过度增加本国纳税人的负担。

大英帝国的构建以印度为中心，尤其是拿破仑战争之后，英国内部实施削减费用的政策，而对外则通过沿着通往印度的航线陆续夺取了众多重要地区。这种策略展现了大英帝国扩张的经济逻辑：通过控制关键的贸易和战略节点，最大化帝国的经济利益和军事影响力。英国陆续夺取了锡兰（1796）、马耳他和伊奥尼亚群岛（1800—1803）、开普（1806）、毛里求斯（1810）、新加坡（1819）、马六甲（1824）、亚丁（1838）与清政府的香港（1843）等地区，进行殖民统治。这些地区大多是限于海上防御和煤炭补给的港口或贸易基地，体现了大英帝国"低成本"殖民扩张的特点。

值得注意的是，英国在亚洲的大陆内部扩张仅限于在印度。在"廉价政府"的背景下，英国在相关地区寻求当地人的"合作"，形成了利用印度军队与其他亚洲人作战的政策。这种策略不仅节省了英国本土的军事资源，还巧妙地利用了亚洲内部的矛盾和冲突，进一步强化了英国的统治。

在19世纪的大英帝国体系中，印度的地位已超越了作为殖民地的角色，成为帝国军事力量和财政力量的中心。英国的全球扩张战略深深植根于印度的资源和财政支援之中。不仅如此，印度为英国提供了控制关键海港和贸易节点的军事力量，通过这些战略节点，英国维持了其制海权和全球贸易网络的稳固。

英国利用邮政蒸汽船（General Post Office）网络，保证了英国在

---

① 设在阿第斯康比（Addiscombe）的东印度公司辖下的军事学院的陆军学校支出。

殖民地港口之间的运输和通信。这些船只虽非正式战舰，却扮演了帝国舰队的角色。而这一切的财政负担，包括在印度防御区内的政治使节费用，均由印度财政承担。在印度洋帝国的构建过程中，印度的财政投入不仅包括自身的军事费用，还被英国当作筹集资金的中心，以支持更广泛的帝国活动。

在所谓的"低成本政府"财政政策下，如果没有印度这个拥有庞大军事和财政资源的支点，英国的帝国主义扩张计划将难以为继。印度不仅是大英帝国内部军事财政的中心，也是英国全球战略的关键。金子胜的研究显示，英国在亚洲的所有军事行动几乎全部依赖于印度陆军和财政。英国在亚洲的战争，无论是对中国的鸦片战争，还是对缅甸和阿富汗的军事干预，印度陆军都发挥了核心作用，而这些战争的费用几乎都是通过印度的财政来支付的（表3-3）。

印度的财政和军事贡献为英国的殖民扩张提供了动力，同时也加剧了英国对印度经济的剥削。这种剥削不仅体现在经济资源的转移上，还表现在印度人民为英国的战争和全球策略所付出的牺牲。印度成了英国在东方的"摇钱树"，它的资源不断被转移到英国及其他殖民地，这对印度的社会和经济发展造成了长期而深远的影响。

这种复杂的财政和军事安排揭示了英国帝国主义的本质：通过巧妙的资源调配和权力操作，最大化地利用殖民地资源来维持和扩张其全球影响力。印度在这个体系中扮演的角色，不仅仅是被动的资源提供者，更是整个帝国机器的核心组成部分。这种关系的建立和维持，反映了殖民统治的复杂性和持久性，同时也揭示了帝国主义如何通过经济和军事手段来塑造全球秩序。

通过金子胜的研究，我们可以看到印度在英国帝国体系中的独特地位。印度的经济利益被牺牲以满足英国帝国主义的野心，这一历史现象对于理解殖民主义的本质和全球历史中的帝国建设至关

表3-3 印度军队参与的海外军事活动与财政负担

时间	战争名称	经常性支出		临时性支出	
		印度负担	英国负担	印度负担	英国负担
1838—1842	第一次英国—阿富汗战争	全部			全部
1839—1840	第一次鸦片战争爆发前后	全部			全部*
1856—1857	第二次鸦片战争之第一次英法联军之役		全部*		全部*
1856	英国—波斯战争	全部		一半	一半
1858—1860	第二次鸦片战争之第二次英法联军之役		全部*		全部*
1867—1868	英国—埃塞俄比亚战争	全部			全部（殖民地政府）
1875	霹雳州（Perak）战争	全部	全部		全部
1878	英国—马耳他战争				
1878—1880	第二次英国—阿富汗战争	全部		超出500万英镑的所有金额	500万英镑
1882	英埃战争	全部		超出50万英镑的所有金额	50万英镑
1885—1886	英国—苏丹战争	全部			全部

| 时间 | 战争名称 | 经常性支出 | | 临时性支出 | |
		印度负担	英国负担	印度负担	英国负担
1885—1891	英国—缅甸战争	全部		全部	
1896	英国—蒙巴萨(Mombasa)战争		全部		全部
1896	英国—苏阿金(suakin)战争	全部			全部
1898—1914	英国在南亚、中国、波斯等地发动的战争	针对波斯有部分负担	全部	针对波斯有部分负担	全部
1914—1920	第一次世界大战与战后	全部			全部

说明：*号代表在与中国的战争后，英国从清朝政府获取的战费补偿。

资料来源：根据金子胜『イギリス近代と自由主義近代の鏡は乱反射する』, 筑摩書房，2022，第71页，由笔者整理绘制。

重要。

　　总结而言，英国的帝国扩张模式和军事财政结构，特别是以印度为核心这一模式，为我们提供了洞见英国如何利用殖民地资源来维持和扩大全球势力的例证。这种模式不仅深刻影响了19世纪的全球政治经济格局，其遗留的影响至今仍在塑造着国际关系。理解这段历史，对于我们分析当代全球经济不平等、国际权力结构以及发展中国家在全球体系中的地位都具有重要意义。它提醒我们，在研究当前国际关系时，需要深入考察历史背景，认识到经济、军事和政治力量之间的复杂互动，以及这些互动如何塑造了全球秩序。

虚构的自由主义：英国的贸易保护主义

一、自由贸易与保护主义：19世纪经济政策的双重面孔

当前，许多经济学家和决策者都坚定认为自由贸易是经济增长的关键，然而历史证明情况可能十分复杂。在19世纪后半叶，英国通过减少和取消进出口关税，成为全球自由贸易的倡导者。大卫·李嘉图的比较成本理论为自由贸易提供了理论支持，并被广泛接受为国际贸易的基本原则。这种理论强调了各国应该根据自身的比较优势进行生产和贸易，以实现资源的最优配置和全球福利的最大化。

然而，正如张夏准（Ha-Joon Chang）强调的，工业化初期的先进国家常常采取保护主义政策，如弗里德里希·里斯特提倡的保护初期产业的关税和出口补贴。当这些国家实现工业化并获得比较优势之后，却转而倡导自由贸易，并拒绝后来的国家采用相同的保护措施。张夏准在其著作中形象地将这些富国的行为比喻为"踢走梯子"[1]。这种观点揭示了发达国家在不同发展阶段采取的策略差异，以及这种差异对全球经济格局的深远影响。

瑞士经济史学家保罗·拜罗克（Paul Bairoch）在《经济学与世界历史：神话与悖论》一书中探讨了19世纪欧洲的自由贸易体系，

---

[1] 参见张夏准、倪延硕：《富国陷阱：发达国家为何踢开梯子》，社会科学文献出版社2007年版。

尤其是1860—1892年之间的情况，其中1866—1877年被看作是贸易自由化的黄金时期。①然而，在自由贸易的高峰时期，欧洲却陷入了一场大萧条。这一现象引发了对自由贸易政策有效性的质疑，并为后续的保护主义政策提供了理由。

相比之下，同一时期美国则是通过加强了保护主义政策，实现了显著的经济增长，迅速崛起为一个新的经济强国。这种对比凸显了保护主义政策在特定历史条件下可能带来的积极效果，尤其是对于正在工业化或者后发工业化的国家而言。美国的经验为后来的发展中国家提供了一个值得研究的案例，同时也挑战了自由贸易作为经济增长唯一途径的传统观点。

关于经济萧条与战争之间的关系，金子胜在对英国的研究中指出："与大萧条之后战争频发的时期相比，在19世纪中期的'自由主义'时段中，战争的发生与恐慌的出现（或更确切地说，从经济景气末期出现恐慌迹象开始至经济萧条）在时间上有明确的一致性。例如，1837年、1857年和1866年的恐慌期前后，都有战争爆发。"②这一观察揭示了经济周期、贸易政策和国际冲突之间的复杂关联，为我们理解19世纪的国际关系提供了新的视角。

欧洲大陆在1892—1894年进入经济复苏期，这与保护主义政策的转向完全一致。同时，这一时期的贸易规模迅速扩大。最倾向于采取保护主义措施的欧洲国家的贸易增长，反而最为迅速。自从转向保护主义20年后，1909—1913年，这些国家甚至享有了更高的增长率。这一现象对传统的自由贸易理论提出了挑战，同时也引发了

---

① Paul Bairoch, *Economics and World History: Myths and Paradoxes*, The University of Chicago Press, 1995, pp.46–55.

② 金子胜：『イギリス近代と自由主義近代の鏡は乱反射する』，筑摩書房，2022，第70页。

对保护主义政策在特定条件下可能带来积极效果的讨论。

那么，保护主义是如何推动贸易增长的呢？原因在于采取保护主义措施的国家实现了经济增长，从而扩大了贸易规模。这种现象被称为"关税—增长悖论"。它表明在某些情况下，适度的保护主义政策可能会刺激国内产业的发展，进而带动整体经济的增长和贸易的扩张。这一观点挑战了传统的自由贸易理论，为我们理解贸易政策与经济发展之间的关系提供了新的思路。

相反，英国从强调保护主义政策转向推动自由贸易政策后，其增长率大幅下降，最终陷入经济萧条。而经济萧条又促使这些帝国通过战争来解决问题，战争的理由又常常被归咎于其他国家阻碍了自由贸易。在经济危机和萧条期间，被视为自由市场主义的支持者，如棉花资本，大力支持这些战争的发动。这反映了自由贸易政策、经济萧条和战争之间的复杂关系，同时也反映了经济利益集团如何影响国家的对外政策。

举个例子，在19世纪，特别是针对中国市场，曼彻斯特棉纺织业的领袖们频繁要求外交大臣亨利·约翰·坦普尔·帕麦斯顿（Henry John Temple Palmerston）采取政治暴力的手段来开拓市场。1839年，中国的虎门销烟和全国性的禁烟运动触发了英国对中国的第一次鸦片战争。渣甸洋行（现怡和洋行，Jardine Matheson）的创始人威廉·渣甸在伦敦亲自游说政府对中国采取军事行动，并主张夺取香港作为贸易据点。英国各地商会向外交部提交请愿书，支持对中国的军事行动。1839年10月中旬，英国外交大臣帕麦斯顿决定对中国用兵。此前，印度的孟买和加尔各答商会曾寻求英国曼彻斯特商会的支持，以获取因中国销毁鸦片造成的损失赔偿。这反映了一条复杂的利益链条：印度是主要鸦片产地，通过孟买和加尔各答等港口输送给英国商人，再走私到中国。中国的禁烟行动直接打击了在华英商，也连带影响了印度商会的利益。然而，曼彻斯特商会的回应揭示了更大的图景：他们认为开放中国市场的潜在价值远超鸦片贸易损失。这体现了英国本土商界对中国市场的长远期待，与印度商会注重即时利益的立场形成对比。[1]这一系列事件生动地展示了经济利益如何驱动帝国主义的扩张，以及自由贸易理念如何被用来合理化武力开拓市场的行为。

保护主义政策通过促进国内经济增长间接推动了贸易，但自由贸易与保护主义之间的利益冲突不时引发战争与外交冲突，这暴露了国际政治与经济之间错综复杂的关系。中野刚志在《富国与强兵：地政经济学序说》一书中讨论了"关税—增长悖论"，提出保护主义可能有助于推动经济增长及贸易扩张。[2]

拜罗克提出的历史事实对主张自由贸易的主流经济学派来说是一个挑战，因为主流经济学派一贯强调自由贸易是经济繁荣的关键。爱尔兰经济学家凯文·奥罗克（Kevin H.O'Rourke）和美国经济学家大卫·杰克斯（David S.Jacks）也通过对1875—1914年间10个国家的数据分析，进一步证实了关税与经济增长之间的正相关关系。[3]这些研究结果为我们重新思考贸易政策与经济发展之间的关系提供了重要的实证证据。

---

① 衛藤瀋吉：『近代中国政治史研究』，東京大学出版會，1968，第161页。

② 中野剛志：『富国と強兵—地政経済学序説』，東洋経済新報社，2016，第248页。

③ Kevin H.O'Rourke, "Tariffs and Growth in the Late 19th Century," *The Economic Journal*, April 2000, pp.456-483; David S.Jacks, "New Results on the Tariff-Growth Paradox," *European Review of Economic History*, October 2006, pp.205-230.

二、"关税—增长悖论"的现代诠释：美英保护主义的历史延续与演变

19世纪的英国和20世纪的美国，作为各自时代的经济霸主，都曾被视为自由贸易的代表。然而，深入研究其历史，笔者发现"自由贸易"的外表下隐藏着复杂的保护主义的政策实践，这种现象可以被理解为"关税—增长悖论"的历史性体现。这一悖论不仅挑战了传统的自由贸易理论，还为我们理解当代全球经济格局提供了重要视角。

英国在19世纪中期开始大力推行自由贸易政策，但这一转变是建立在其已经获得工业优势的基础之上。在此之前，英国同样采取了严格的保护主义政策，如1651年克伦威尔领导的英吉利共和国议会通过的第一个保护英国本土航海贸易垄断的法案《航海条例》（*The Navigation Acts*）等，目的都是培育和发展本国工业。只有在确保了自身工业优势之后，英国才开始推广自由贸易理念，这可以被视为一种"踢走梯子"的策略。这种策略反映了强国在不同发展阶段对贸易政策的灵活运用，也暴露了自由贸易理念在实践中的选择性应用。

美国的情况更为明显。从建国初期到第二次世界大战结束前，美国一直以贸易保护主义构筑自身长期发展的坚实堡垒。亚历山大·汉密尔顿提出的"美国体系"，通过高关税策略保护本国产业，为美国的工业化奠定了基础。这一政策在南北战争后得到进一步强化。1875年，美国工业品关税率高达40%，远超同期欧洲国家。这种高关税政策不仅反映了美国对本国产业的保护，也体现了其在世界经济舞台上的崛起战略。

值得注意的是，美国的高关税政策并未阻碍其经济增长和技术

创新。相反，它保护了庞大的国内市场，使资本密集型产业受益于规模经济，增强了自身竞争力。这一现象为"关税—增长悖论"提供了有力的历史佐证。它挑战了自由贸易必然带来经济增长的传统观点，表明在特定条件下，保护主义政策可能促进而非阻碍经济发展。

美国还采取了一系列配套政策，如1862年的《宅地法》、1890年的《谢尔曼反托拉斯法》等，这些政策共同构成了一个全面的经济发展战略。这种战略既保护本国产业，又维护国内市场竞争，展现了保护主义与市场竞争在国内形成的微妙平衡。美国的历史经验表明，有效的经济政策不仅仅关乎贸易是开放还是封闭，而且需要一套综合的、多方面的策略。

进入20世纪，美国取代英国成为全球经济霸主，开始推崇自由贸易。然而，当其优势受到挑战时，保护主义倾向便会再次显现。1980年代美日贸易摩擦，特别是在半导体领域的竞争中，美国采取了一系列保护措施，包括1986年的《美日半导体协议》、反倾销调查、301条款调查等。这些措施帮助美国半导体产业重获优势，但也充分显示了美国在面临挑战时的保护主义倾向。这一时期的历史经验表明，即使是最倡导自由贸易的国家，在面对核心利益受到威胁时，也会毫不犹豫地采取保护主义措施。

21世纪的中美贸易摩擦进一步印证了这一点。特朗普政府的"美国优先"政策，以及拜登政府的"小院高墙"战略，都体现了保护主义思想。这些政策虽然在表述上有所不同，但本质上都是为了保护美国在高科技领域的领先地位。这种现代保护主义政策与19世纪的高关税政策有着惊人的相似之处。两者都强调通过贸易壁垒保护本国产业，试图通过这种方式促进国内经济发展。这可以被视为"关税—增长悖论"的现代演绎，尽管其在全球化时代的有效性备受争议。

然而，与19世纪相比，当今世界经济的相互依存度更高，供应链更加复杂。在这种背景下，保护主义政策可能对全球经济产生更广泛、更深远的影响。例如，美国对中国高科技产业的限制不仅影响了中国企业，也对美国的科技公司和全球供应链造成了显著影响。这种复杂的影响网络提醒我们，在全球化时代，单边的保护主义政策可能会产生意想不到的反效果。

克里斯·米勒在《芯片战争：世界最关键技术的争夺战》一书中指出，美国政府在半导体领域的干预不仅是简单的贸易保护，更是一种复杂的技术竞争策略。这种策略旨在维持美国在关键技术领域的领先地位，反映了保护主义在现代全球贸易中的持续影响。米勒的分析揭示了现代保护主义的复杂性，它不仅涉及传统的贸易壁垒，还包括技术管制、投资审查等多个方面。

总的来说，英美两国的历史经验表明，"关税—增长悖论"在不同时期以不同形式存在。这种现象挑战了自由贸易必然带来经济增长的传统观点，表明在某些情况下，保护主义政策可能被视为维护国家经济利益和技术优势的必要手段。然而，在当今高度全球化的经济中，如何平衡保护主义与自由贸易，如何在维护国家利益的同时不损害全球经济秩序，成为政策制定者面临的重大挑战。

这种复杂的现实提醒我们，在分析和制定贸易政策时，需要考虑更广泛的因素，包括技术发展、国家安全、全球供应链等。"关税—增长悖论"的现代诠释不仅是对历史的回顾，更是对当前全球经济格局的深刻反思。经济政策的制定不能简单地遵循教条，而需要根据具体的历史条件和国际环境进行灵活调整。

三、虚构的自由主义：英国经济发展的历史现实

英国常被视为自由主义经济体系的典范，这种观点在古典经济学、新古典经济学乃至某些马克思主义经济学的诠释中得到了广泛认同。然而，深入审视英国的经济发展历程，我们发现这种自由主义的形象在很大程度上是一种历史的虚构。实际上，英国的经济崛起过程充满了国家干预和保护主义政策，这与通常认为的自由放任主义（Laissez-Faire）形成鲜明对比。

日本马克思主义经济学家宇野弘藏的资本主义发展阶段论是这种传统观点的代表。在宇野的理论框架中，英国棉纺织工业的资本积累方式被描述为自由放任主义的实现，体现为国家干预的减少和市场力量作用的增强，即"国家的消极化"。然而，这种理解对实际情况过于简化，忽视了英国经济发展过程的复杂性和多样性。

实际上，英国棉纺织工业的发展是一个涉及多样政策选择、市场策略和全球竞争的复杂过程。在工业革命期间，英国并未迅速转向自由贸易政策，相反，它加强了针对其主要竞争对手——印度棉纺织品的关税的差别化。同时，英国还实施了出口补贴和退税等政策来促进本国棉纺织品的出口。这些措施清楚地表明，国家干预在英国工业化过程中扮演了关键角色。

更进一步，当英国棉纺织业通过机械化提升生产力，开始与印度棉纺织业全面竞争时，它也并没有立即转向自由贸易。相反，这个阶段需要强有力的保护政策来维护和发展国内产业。英国政府通过各种干预措施促进了棉纺织业的成长，比如加强保护关税来限制自由交易，并通过实施《结社法》（Combination Acts）来控制工人组织，为棉纺织业的扩张提供有利条件。

这些目的性极强的国家干预措施对英国棉纺织业的建立和快速

发展起到了关键作用。它们不仅为棉纺织业提供了必要的保护和支持，还反映了当时政府与新兴工业资本之间的紧密联系和互动。这种关系远非自由放任主义所描述的"看不见的手"主导的市场，而是一种政府积极参与和引导的经济发展模式。

现代资本主义的发展初期普遍采取了保护主义策略，英国也不例外。虽然大卫·李嘉图的比较优势理论和自由贸易的益处在学术上被广泛讨论，但在实际历史进程中并未完全体现。相反，正如弗里德里希·李斯特所主张的，只有在产业基础确立后，主导产业的强者逻辑才会生效。英国的经验恰恰印证了这一点——只有在通过保护主义政策建立起强大的产业基础后，英国才开始推行自由贸易政策。

英国与印度之间的关系更进一步揭示了自由主义的虚构性。这种关系并非平等的民族国家关系，而是印度作为工业竞争对手被殖民化的过程。不是自由贸易逻辑打破了东印度公司的垄断，而是东印度公司在拿破仑战争中被动员，导致印度棉纺织业的经济基础被削弱。随着大英帝国征服战争的不断扩大和殖民地改革的推进，印度棉纺织业遭到了系统性破坏，为英国本土产业的发展扫清了障碍。

英国只在本土的产业基础成熟后，才开始走向真正的自由贸易政策和小政府路线。然而，即使在被称为自由主义全盛时期的19世纪中后期，英国仍然通过其庞大的殖民帝国维持着对全球市场的控制。特别是在印度洋地区，英国通过军事压力和殖民地向母国的汇款，以印度洋帝国作为核心，将亚洲和非洲地区塑造为英国棉制品的最大市场。

这种双重标准的存在，进一步暴露了自由主义理念，在一些国家的发展实践中受到的选择性应用。英国在本土推行自由贸易的同时，在其殖民地却实施严格的经济控制和资源掠夺。这种做法与自由放任主义的理想大相径庭，反而更接近于一种全球范围内的国家干预和经济管理。

此外，英国政府在工业化过程中的角色远不止于制定贸易政策。它还通过法律、金融支持、技术推广等多种方式积极推动工业发展。例如，政府支持的运河和铁路建设为工业发展提供了关键的基础设施；《专利法》的制定和执行保护了技术创新；而金融体系的发展则为工业扩张提供了必要的资金支持。

总的来说，英国的经济发展历程清楚地表明，自由主义经济体系的形象在很大程度上是一种历史的虚构。实际上，国家在经济发展和工业化过程中扮演了关键且不可或缺的角色。这种认识有助于我们纠正对工业革命和资本主义发展的一些过于简化和理想化的理解，并展示了政府、市场和社会之间的复杂互动关系。

这一历史事实对我们理解当代全球经济具有重要启示。它提醒我们，经济发展的道路并非单一，成功的经济政策往往是多种因素的复杂组合。在面对全球化带来的机遇和挑战时，各国需要根据自身的发展阶段和具体国情，制定适合的经济政策，而不是盲目追随所谓的"普世"经济理论。

同时，认识到自由主义的虚构性也为我们重新思考国家在经济中的角色提供了契机。如何平衡国家干预与市场力量，如何在全球化背景下维护国家利益，这些都是需要深入探讨的重要问题。只有正视这些复杂性，我们才能更好地应对未来的经济挑战，构建一个更加公平、可持续的全球经济秩序。

第四章

不受约束的力量：
日本二战期间的军事财政

战争财政的坐标轴:
日本二战前后的国际地位

一、战争的经济重负与财政挑战

从1815年拿破仑战争结束到第一次世界大战爆发之间的这段时期，欧洲和美洲的强国频繁卷入规模宏大的战争。这些冲突主要反映了帝国主义的殖民扩张和权力争夺，但随着时间推移，战争的规模不断扩大，对国家力量、经济资源和财政体系的需求也越来越巨大。表4-1详细记录了从1853年克里米亚战争到第二次世界大战期间主要战争的规模和参与国家所承受的经济负担，为我们提供了一个清晰的历史视角，同时也揭示了战争对国家财政的巨大压力。

特别值得注意的是，在第一次世界大战之前，规模最大的战争是美国内战（南北战争）。在这场战争中，军事开支占到了国内生产总值（GDP）和国民生产总值（GNP）一个相当高的比例，与普法战争期间的普鲁士和法国相当。①这一数据不仅反映了战争的激烈程度，也揭示了19世纪后半叶战争对国家经济和财政系统的巨大影响。美国内战期间，联邦政府不得不采取多种非常规财政措施，包括发行纸币（绿背币）和引入所得税，来缓解战争时期的财政压力。这些措施对美国后来的财政政策产生了深远影响。

通过观察这些战争中的军事开支负担率，我们可以清楚地看到战争经济负担和财政压力的增长趋势。例如，在日俄战争中，日本的军事开支占到了GNP的22%。考虑到日本的经济规模只有俄罗斯的五分之一，这个高额的军事支出比例凸显了战争对国家经济和财政的巨大压力，也反映了日本为了在国际舞台上争取地位所付出的巨大代价。日本政府不得不大量发行战争债券和提高税收来支持这场战争，这对日本的财政结构产生了长期影响。

第一次世界大战标志着战争经济和战时财政进入了一个全新阶段，战争费用和动员军力的规模都达到了前所未有的水平。主要参战国的军事开支占GNP的比例从奥匈帝国的25%到俄罗斯的60%，均达到了空前的水平。这种巨大的军事支出需要通过多种财政手段来支持，包括提高税收、发行战争债券以及在某些情况下印发货币。这些措施不仅对当时的经济产生了巨大影响，也为战后的财政政策和经济重建的过程定下了基调。

特别值得注意的是，俄罗斯在1917年的GNP下降了15%，这个数字尤其惊人。这不仅反映了俄罗斯动员了庞大的军队，还体现了

---

① 早期国家统计多采用GNP（国民生产总值）概念，但现今GDP（国内生产总值）概念更为常用。这两个指标的主要区别在于衡量经济活动的范围：GDP计算一国境内所有生产活动的价值，不论生产者国籍；GNP则计算该国公民和企业在全球范围内的生产活动价值，包括海外收入。GDP基于地理位置，GNP基于国籍或所有权。在引用早期统计数据时，笔者尊重原文使用的GNP概念，因此在本书中会同时出现GDP和GNP两种概念并存。

1917年俄国革命带来的经济混乱和停滞，揭示了战争如何深刻影响一个国家的政治、经济和财政结构。俄罗斯的例子也说明了战争财政的失控可能导致的严重后果，包括经济崩溃和政权更迭。

相比之下，日本的战争费用占GNP的比例只有3％，这主要是因为作为协约国的一员，日本本土并没有直接涉足战争，主要是通过海军参与了战争。尽管如此，这场战争仍然对日本的财政体系产生了重要影响，为其后来的军事扩张和战争准备奠定了基础。美国的战争费用占GNP的15％，这反映了美国作为后期参战国，虽然涉战时间较短，但由于其强大的经济实力和灵活的财政政策，仍然能够在短时间内投入大量资源支持战争。美国的经验也展示了如何通过有效的财政管理来支持大规模的战争努力。

第二次世界大战（1939—1945）不仅是迄今为止人类历史上规模最大的战争，也是一场深重的人间悲剧，同时也是对全球财政体系的巨大考验。这场战争的影响远远超出了军事和经济领域，深刻地改变了世界格局、人类社会和国际财政秩序。数以千万计的生命逝去，无数家庭破碎，不少区域整个社区和城市被夷为平地。战争的影响横扫一切，包括妇女和儿童在内的所有人都被卷入了这场灾难当中。

在财政方面，第二次世界大战推动了许多国家采取前所未有的财政措施以应对战争的压力。各国政府大规模发行战争债券，提高税收，实施严格的经济管制，有些国家甚至采取了通货膨胀政策来为战争融资。这些措施不仅影响了当时的经济运行，也对战后的全球经济和财政政策产生了深远影响。例如，美国在战时引入的工资预扣税制度成了现代税收体系的基础。

在这场战争中，人性最黑暗的一面被暴露无遗。纳粹对犹太人的大屠杀、日军在南京的屠杀、731部队的人体实验等事件，都是人类历史上最为黑暗的篇章。这些暴行不仅造成了巨大的人员伤亡，还给幸存者留下了难以愈合的心理创伤。同时，这些事件也对战后的国际赔偿和经济重建政策产生了深远影响。

战争的破坏不仅局限于物质层面，还包括许多珍贵的文化遗产被毁灭，生态系统遭到严重破坏。更重要的是，战争对人类精神和道德造成的伤害可能需要几代人的时间才能修复。无论是士兵还是平民，都经历了难以想象的恐惧和痛苦。在经历战争后，许多人终其一生都在与心理创伤和道德困境作斗争。虽然这些非物质层面的损失难以量化，但对战后社会重建和经济恢复产生了深远影响。

与此同时，第二次世界大战也是科技和工业化战争发展到顶峰的表现。核武器的使用、大规模的轰炸和先进的战争技术，展现了人类智慧和创造力当被用于毁灭性的目的时所能造成的巨大破坏。这场战争不仅改变了国际政治格局，也彻底改变了战争的本质和人类对战争的认知。在财政和经济层面，战争推动了科技创新和工业生产的飞速发展，这些发展在战后转化为经济增长的动力，但同时也给各国政府带来了巨额的战争债务。

第二次世界大战是关于人类悲剧的史诗，它揭示了人性中最黑暗和最光明的方面，提醒我们战争的代价不仅是物质的损失，更是人类精神和道德的丧失。但另一方面，这场战争的遗产深深地影响了后来的国际关系、经济政策和社会发展，至今仍在影响着我们的世界。在财政方面，战争留下的巨额债务、经济重建的需求以及新的国际经济秩序的建立，都对战后各国的财政政策和国际金融体系产生了深远影响。这一切共同塑造了我们今天熟知的现代财政和经济格局。

二、日本战争财政的历史轨迹

小野圭司在其《日本战争经济史》一书中详细整理了1942年主要参战国战争费用占国内生产总值（GDP）的比例。在轴心国中，意大利的比例最低，为20%，而日本和德国分别达到了45%和50%。盟军中，尽管美国本土（除夏威夷外）未直接参战，但其战争费用占GDP的比例仍高达40%，英国和苏联则分别为45%和50%。这些数字揭示了战争给各国经济和财政带来的巨大冲击，展现了战争如何耗费了国家的财富和资源。

日本自明治维新后采取富国强兵的策略，逐步实现现代化，并在日俄战争胜利后跃升为世界性的军事强国。然而，在经济规模方面，日本与西方老牌帝国主义国家相比仍有明显差距。在1880年，日本经济规模约为最小的欧美主要强国意大利的四成，而到了1890年，这一差距更加扩大。尽管在随后几十年中，日本经济逐步增长，但与英美等国的差距仍然显著。正如表4-1所示，到了1942年，尽管日本经济规模略高于意大利，但与美国相比却有着巨大差距，近乎1∶10。

从1931年的"九一八"事变开始，日本对中国的侵略一直未曾停止，直到1945年日本投降，中国抗日战争持续了长达14年。日本这些连续的军事行动虽然在地缘政治上给自己带来了一定优势，但也给本就不够强大的经济与财政带来了沉重的负担。

回顾1931年的"九一八"事变、1937年全民族抗战爆发，以及1941年太平洋战争的开端，这一系列事件使得1930年代以后的日本财政表现出明显的战争财政特征。随着战争规模的不断扩大，政府支出也迅速增长。在经济基础相对薄弱的情况下，日本如何筹措战争资金成为一个关键性问题。

表4-1　19世纪后期至第二次世界大战主要战争规模与参战国的经济负担

战争	持续时间	参战国	参战第一年名义GDP	动员兵力(人)	战争费用(10亿美元，名义值)	战费占GDP比重
克里米亚战争(1853—1856)	23个月	英	36	11万	4.5	3%
		法	36	31万	5.5	3%
		俄	—	89万	8	—
		土耳其	—	17万	1.3	—
美国南北战争(1861—1865)	48个月	北军	—	269万	32	11%
		南军	—	100万	10	—
普法战争(1870—1871)	10个月	普	53	149万	7.5	8%
		法	53	200万	8	8%
甲午战争(1894—1895)	16个月	日	11	35万	1.5	7%
日俄战争(1904—1905)	19个月	日	15	120万	9	22%
		俄	67	137万	1.3	7%
第一次世界大战(1914—1918)	51个月	英	124	570万	35.5	40%
		法	87	790万	24	45%
		俄	100	1580万	22.5	60%
		意	42	560万	12.5	50%

战争与财政

战争	持续时间	参战国	参战第一年名义GDP	动员兵力(人)	战争费用(10亿美元，名义值)	战费占GDP比重
第一次世界大战(1914—1918)	51个月	美	604	430万	22.5	15%
		日	23	7万	2.5	1.50%
		德	124	1320万	37.5	35%
		奥	53	900万	20.5	25%
		土耳其	—	300万	2.25	—

战争	持续时间	参战国	GDP(1942年)	动员兵力(人)	战争费用(1990年标准价，名义值)	战费占GDP比重
第二次中日战争(1937—1941)	53个月	日	170(1937年)	120万	160	17%
第二次世界大战(1939—1945)	72个月	英	370	620万	970	45%
		苏	280	2500万	650	50%
		美	1320	1490万	1870	40%
		德	410	1250万	990	50%
		意	150	450万	120	20%
		日	210	740万	280	45%

资料来源：根据小野圭司：《日本战争经济史》，2021，第4、5、8页重新绘制。

说明：西方史学家将1937至1941年的53个月称为"第二次中日战争"，此处因原始数据资料，保留该表述。关于"战争费用"，第二次中日战争与第二次世界大战的"战争费用"名义值为1990年标准价，其他为10亿美元。

在经济基础不强的条件下，日本政府采取了包括增税、发行政府债券、控制银行信贷等在内的多种策略来筹集战争资金。这些措施虽然短期解决了资金需求，但给日本的长期经济健康和社会稳定带来了极大的挑战。

　　总之，日本在明治维新后的经济和军事崛起，第二次世界大战期间的经济压力，以及在相对薄弱的经济基础上筹集战争资金的策略，都是揭示战争、经济和政治之间复杂关系的重要视角。这一历史阶段不仅对日本自身的后续发展造成了深远影响，也在世界历史中留下了难以忽视的印记。

日本的战争财政与军事支出：
不受议会监督的预算体系

在探讨日本独特的战争预算体系之前，有必要回顾日本现代军事财政体系的起源。中日甲午战争（1894—1895），对中国而言，清政府惨败，标志着历时三十余年的洋务运动全面失败，中国半殖民地社会程度大大加深。但对获胜的日本而言，则是走向军事强国的重要里程碑，展示了日本军事实力的崛起。在这一过程中，日本的财政体系为支撑战争胜利发挥了关键作用。而这场战争也为我们理解日本后续军事财政政策的演变提供了重要背景。

一、甲午战争：财政实力的决定性较量

回顾甲午战争期间日本与清政府的财政对比，将为我们理解日本后续军事财政体系的发展提供重要背景。甲午战争不仅是军事实力的较量，更是两国财政能力差距的集中体现，这种差距最终对战争结果产生了决定性影响。

从军费规模来看，日本在甲午战争期间的军费支出约为2亿日元，占当时国内生产总值的9%。相比之下，清政府虽然总体军费支出较大，约为白银1.7亿两（约合2.4亿日元），但仅占其国内生产总值的2%左右。这一对比揭示了日本在战争期间的军事投入比例更高，展现了其对战争的高度重视和动员能力。

在军费筹集能力上，日本明治维新后的一系列财政改革成果在

战时得到了充分体现。现代化的税收制度使日本政府能够迅速增加税收，同时通过发行战争公债筹集资金。1882年成立的日本银行作为中央银行，为战时融资提供了有力支持。这种筹资模式后来在日俄战争和两次世界大战中得到了进一步发展和应用。

相比之下，清政府仍然沿用传统的税收制度，以地丁银和厘金为主，地方与中央财政的分割严重影响了资金的集中使用。清政府在战争期间主要依靠外债筹措军费，这不仅增加了财政负担，还使得自身受制于外国势力，侧面反映了其财政体系的落后。

军费使用效率的差异也显著影响了战争进程与结果。日本建立了完善的军需后勤体系，能够及时将资金和物资输送到前线。例如，在平壤之战中，日本军队得到了充足的补给，这在很大程度上得益于其高效的财政调度能力。而清军则经常面临后勤不足的问题，大量军费在输送过程中被中饱私囊，导致前线部队经常缺乏必要的装备和补给。

这种财政能力的巨大差距最终对甲午战争的结果产生了决定性影响。日本强大的财政支持使其能够维持长期作战，购买和维护先进的武器装备，保证军队薪饷正常发放，从而保持军队始终具备较高的士气。而清军则因资金短缺难以持久作战，装备更新和维护受阻，还经常出现拖欠饷银的情况，严重影响了军队的士气和战斗力。

甲午战争的结果清晰地展示了财政能力在现代战争中的关键作用。日本在这场战争中展现的财政优势，为其后来在日俄战争和两次世界大战中的军事财政体系奠定了基础。这一历史经验深刻影响了日本后来的军事和财政政策，包括本章将要详细讨论的"临时军事费特别预算"等制度的形成。

通过甲午战争这一案例，我们可以清楚地看到，现代化的财政体系如何支撑一个国家的军事行动，以及财政能力的差距如何决定战争的走向。这为我们理解日本在随后几十年中军事财政政策的演变提供了重要的历史背景。

二、日本独特的战争预算体系

在甲午战争的成功经验基础上，日本进一步发展了独特的战争财政体系。与欧美国家不同，日本构建了一套不受议会监督的预算系统，以推动和维持战争。这一体系的核心是"临时军事费特别预算"。它在后来的战争中发挥了关键作用。财政社会学的先驱鲁道夫·葛德雪，在1917年曾经说过："国家（Staat）和预算（Etat）作为同一概念共同出现。"这表明了国家权力和财政管理之间的紧密联系。

17世纪和18世纪是国家预算制度形成的关键时期，特别是在欧洲。在此期间，由于战争资金需求的推动，预算系统得到了发展。同时，许多国家开始实行君主专制，王权增强，对维护庞大的政府机构和支持国内外战争的资金需求加大。新兴国家的形成、军事扩张和战争的常态化，要求以有组织的管理方式来筹措和分配资源。在17世纪和18世纪，欧洲的许多议会开始获得更多的财政权力。例如，在英国，1689年的《权利法案》确立了议会对税收和支出的控制权。因战争频繁，国家债务和军事支出成为议会讨论的关键议题，而一个国家的君主必须依赖议会批准才能征收新税，预算系统为议会与君主之间展开协商提供了手段，有时还增加了议会的政治权力。

熊彼特在《税收国家的危机》中深入探讨了近代国家形成过程中税收与国家的不解之缘。他强调了税收在国家统治中的核心作用，并提出了"预算国家"的概念。①在从有产国家转变为无产国家的过程中，统治者必须向国民征税。而预算是政府一年内所有政策行为的账本。预算不仅是国家的财务规划，还是政府与国民之间的重要契约，是国家存在的"许可证"或"授权书"。葛德雪曾指出："预算是国家去除了迷惑人的意识形态外衣后的骨架。"这句话深刻揭示了预算制度的本质。

尽管第二次世界大战时欧美国家的议会与今日议会制度不尽相同，多数未实行普选，但预算透明制度和议会知情权仍得到一定保障。毕竟如果账本被分散处置，某些信息就可以被隐藏，议会便无法有效监督政府。第二次世界大战期间，如英、美、德等国虽扩大战争支出，但依然遵循预算透明原则，纳入统一账本。与之相反，日本设立"临时军事费特别预算"，将战争开支分离出一般预算，导致日本的战争预算不再受议会监督。

三、西化中的帝国主义

在 19 世纪后期的日本，明治维新标志着一个重要的转折点。1868 年，随着幕府的终结和天皇权力的恢复，日本开始了从封建社会向现代国家的转型，这一转型对日本的内政、法律体系以及政治架构带来了革命性的变化。明治维新的核心目标之一是综合吸收西方的技术、文化和政治制度，以此来加强日本的经济和军事力量。

到了 1889 年，日本制定了首部宪法——《大日本帝国宪法》，又称"明治宪法"。这部宪法在很大程度上受到了当时先进的普鲁士宪法的影响，试图在保持天皇绝对权力的同时，引入西方议会制度。

---

① 关于预算国家的讨论，可参见大岛通义：《预算国家的危机》，徐一睿译，上海财经大学出版社 2019 年版。

明治宪法确立了日本的政府机构，包括设立议会——帝国议会，以及法院系统。这标志着日本向现代宪政国家迈出了重要的一步。

尽管日本采纳了西方的立宪主义形式，但并没有放弃其扩张的帝国主义目标。在明治时代的政策导向，即"富国强兵"和"脱亚入欧"的思想指导下，日本着重于通过增强军事和经济实力来提升国际地位。这导致了日本对强大军队的追求，以及对亚洲邻国和更远地区的领土扩张野心。为了支持这一对外扩张策略，日本政府建立了一个由军部主导的为战争量身定制的"临时军事费特别预算"体系。

日本在明治维新后的现代化过程中，虽然引入了西方的立宪制度，但并未放弃强烈的军事扩张和帝国主义野心。这种双重追求，在日本历史和政治发展中占据了重要地位，尤其是在军部开始主导国家政策的时代背景下。明治维新之后，日本政治呈现出多元化，一方面追求政治、社会和文化的自由主义和民主化，这一点在日俄战争后到大正时代末期的"大正民主"时期尤为明显。然而，这段时期的民主光辉十分短暂。在面临世界大恐慌和中国抗日运动的挑战时，政党政治未能有效地包容日本社会各阶层，导致支持率下降。

1931年"九一八"事变之后，随着军部和法西斯主义的崛起，日本的政党政治被边缘化。在这样的历史背景下，日本政府制定了不受议会监督的临时军事费特别预算，专用于支持对外扩张和军事活动。这一安排有其深刻的历史根源。从中日甲午战争（日本称为"日清战争"，1894—1895年）开始，日本便建立了临时军事费特别账户，用于管理战争财政。到了日俄战争（1904—1905）和第一次世界大战期间向西伯利亚出兵（1914—1925）时，这一特别账户的规模得到了显著增长。

特别引人注目的是，1937—1945年，这一特别预算的规模大幅增加，达到了1554亿日元，是日俄战争时期的100多倍。这一临时军事费特别账户在财政管理和政治监督方面具有特殊性。与传统的政府年度预算制度（单年度）不同，该特别账户采用了长期连续会计期，从战争全面爆发至日本投降后的1946年2月，共101个月。这种做法为政府提供了极大的财政灵活性，使其可以在战争期间多次追加预算。

自1937年以来，日本的临时军事费特别账户经历了15次预算审议和扩充。这反映了日本政府和军部对持久战作用的适应过程。在现代国家中，议会通过预算审议来发挥对政府的监督作用，包括审查和削减不必要的支出。但在这种特殊情况下，传统的预算审查机制无法有效发挥作用。《昭和财政史》第4卷"临时军事费"详细记载了这一情况：

> 由于预算内容基本不透明，所以国会几乎没有进行有效的审议。即使有，从临时军事预算案在众议院提交到在贵族院被批准的时间最多也就是一个半月，这还是一个特例（第三次追加预算）。在其他情况下，审议时间通常不超过12天，大多数案例在2天到3天之内就完成。有些极端的情况下，预算案甚至在提交到众议院的当天就被两院一致通过，并在次日立即公布（第七次追加预算）。因此，在15轮的军事预算案中，没有一次进行过实质性的修订，所有案件都在无条件和无修正的情况下获得了国会的全面支持。国会通常会召开名义上的"秘密会议"，在这短短几十分钟的会议中，一年的军事开支就被默认通过了。这种在几乎没有进行内容审核的情况下就让大额军事费用轻易通过的做法，根本不能称之为"审议"。（第108—109页）

在当时的历史背景下，日本的临时军事费特别账户实际上变成了一个极不透明且几乎免受监管的财政工具，专门用以支撑战争的推进。提交给帝国议会的预算细节极为粗略，使得议会难以对战争支出进行精细的审查和监督。临时军事费特别账户在1937年首次设立时，仅包括"陆军临时军事费""海军临时军事费"以及"预备费"这三项科目，并未对各项具体支出进行细分。这导致议会和公众难以了解这些资金的具体用途，更无法对其使用情况进行负责任的监管。随着战事的推进与复杂化，从1941年开始的第四次追加预算，以保密的名义不再区分陆军和海军的预算，而是将它们合并为一个笼统称为"临时军事费"的科目，这更加剧了预算的不透明性，并增强了军部在财政管理上的自主权。这一财政机制的缺乏监督的高度自由凸显了当时日本政府和军部在战争推进上的不受限制，也反映了议会监督机制的失效。这种特殊的财政管理方式，在战争过程中发挥了关键作用，是财政学和政治学研究中一个值得深入探讨的复杂现象。

总体来看，临时军事费特别预算在多重影响下成为日本近代史一个重要的财政政治工具。它既反映了日本追求军事扩张和实现帝国主义的野心，也显露了政治和社会体制在外部压力和内部挑战面前的复杂性与多元性。

四、财政策略与战争动员

观察日本会计年度从1937年9月至1946年2月的战时财政，有以下六个关键（表4-2）：

第一，日本的一般会计支出在1935年至1944年间有显著的扩张，从22亿日元猛增至199亿日元，增长了接近8倍。

第二，临时军事费特别会计作为战争预算的核心，其支出从

单位：亿日元

表4-2 政府一般会计支出与临时军事费特别会计支出

年度	一般会计支出总额(A)	用于军事支出(B)	转入临时军费特别会计(C)	年度平均临时军费特别会计支出(D)	支出总额(E)	直接军费(F)	F/E(%)	名目GNP(G)	E/G(%)	F/G(%)
1930	16	4	—	—	16	4	25	138	12	3
1935	22	10	—	—	22	10	45	167	13	6
1937	27	12	0	20	47	33	70	234	20	14
1938	33	12	3	48	78	60	77	268	29	22
1939	45	16	5	48	88	65	74	331	27	20
1940	59	22	6	57	110	79	72	394	28	20
1941	81	30	10	95	166	124	75	449	37	28
1942	83	0	26	188	245	188	77	544	45	35
1943	126	0	44	298	380	298	78	638	60	47
1944	199	0	72	735	862	735	85	745	116	99
1945	215	6	—	165	380	171	45	—	—	—

说明：E=A-C+D，F=B+D。

资料出处：《大藏省史》第二卷，第390、391页；关野满夫：『日本の戦争財政』，中央大学出版部，2021，第10页表1-4。

1937年的20亿日元增长至1944年的735亿日元，几乎增加了36倍。自1938年起，临时军事费特别会计的年度支出便持续超过了一般会计支出，特别是在1942年太平洋战争爆发后，临时军事费特别会计的支出出现了巨幅增长。

第三，最初临时军事费特别会计的支持是通过从一般会计中调拨资金来实现的，但随着亚洲太平洋战争的爆发，这些调拨资金的规模大增，从1941年度的10亿日元增至1944年度的72亿日元。

第四，直接军事费用——包含在一般会计和临时军事费特别会计中的军事费用总支出——在日中战争前占到总支出的约40%。1937年后，这一比例稳定在70%—80%之间，使得日本的财政实际上已经转型为战争财政。

第五，相对于名义国民生产总值（GNP），政府一般会计和临时军事费特别会计的净支出比例在1937年卢沟桥事变发生之前约为12%—13%，在1937—1940年度上升至20%—30%，而在日本偷袭珍珠港，太平洋战争爆发之后的1941—1943年度进一步上升至40%—60%，到战败前的1944年达到了惊人的110%。

第六，军费支出占GNP的比例在1930年仅为3%，在1937年卢沟桥事变后迅速升至14%，并在太平洋战争爆发后继续迅速上升，到1944年，军费支出的比例高达99%，这意味着日本的军事支出几乎等同于其经济规模。

通过对日本战时（1937年7月至1946年2月）临时军事费特别会计的收入结构（参见表4-3）进行深入分析，我们可以揭示以下五个关键特点：

第一，在总收入1733亿日元中，公债和借款占据了主导地位，共计1498亿日元，占总收入的86.4%，其中公债独占61.8%。这表明日本主要依赖发行公债和借款来支持其直接的战争财政需求。

表4-3 临时军事费特别会计收入（1937年7月至1946年2月）

类别		金额（百万日元）	占比（%）
公债以及替借入金（翻借资金）		107107	61.8
借款		42681	24.6
杂项收入		3799	2.2
来自于其他账户的拨入	一般会计	16729	9.7
	通信事业特别会计	410	0.2
	帝国特路事业特别会计	727	0.4
	朝鲜总督府特别会计	991	0.6
	台湾总督府特别会计	378	0.2
	关东局特别会计	176	0.1
	桦太厅特别会计	77	0.0

资料出处：《大藏省史》第二卷，第380、381页；関野満夫：『日本の戦争財政』，中央大学出版部，2021，第17页表1-10。

第二，来自其他会计的拨款也发挥了作用，尤其是从一般会计中拨入的167亿日元，占到总收入的9.7%。这一点说明，日本政府为了筹集军事资金，不惜压缩民间支出，将资金转入临时军事费特别会计。

第三，通信和帝国铁路两大事业会计对临时军事费特别会计的拨款占总收入的0.6%。这些资金来自国家管理的电信、电话服务和铁路事业的收入，实际上相当于对国民的一种间接税收。

第四，殖民统治地区会计（包括朝鲜、台湾、关东局和桦太）的拨入资金占总收入的0.9%，反映了日本从其殖民统治地区直接获得的战争资金。

第五，在占领区（如中国和东南亚部分区域）发行军票获得的借款427亿日元，以及主要来自占领地物资征用的杂收入38亿日元，两者加起来占总收入的26.8%，这在很大程度上表明了日本战时财政的侵略性质，并展现了日本在战地进行现地资金调配以支持其战争行为的方式。

从上述观察中可以看出，日本的战时财政收入结构特别依赖大规模借债，并且充分利用了殖民地资源和占领地区的财政，以维持战争期间的财政需求。这种财政结构的特点不仅反映了日本战争时期的经济战略，也体现了其财政在面对战争长期化和扩大化时的响应与调适。

从战争时期（1937—1945年度）日本一般会计的税收、公债及借款收入变化（参见表4-4）中，我们可以总结出以下三个关键财政特点：

第一，公债和借款在战争期间的累计支出净额中占有显著的份额，达到了1727亿日元，占整个战争期间累计支出净额2358亿日元的73.2%。虽然这一比例略低于临时军事费特别会计中公债和借款占比的86%，但与同期美国、英国、德国约50%的公债收入占比相比，日本的依赖度显然更高。

第二，日本在战争的不同阶段显示出不同的财政特征。在中日战争的前半阶段（1937—1941年度），支出净额488亿日元，公债和借款272亿日元，占55.7%。而在太平洋战争的后半阶段（1942—1945年度），支出净额激增至1870亿日元，公债和借款1455亿日元，占77.8%。这反映了随着战争的扩展，军事开支大增，公债和借款的依赖度也随之增加。

第三，整个战争期间一般会计的税收收入等的总额仅为571亿日元，占支出净额的24.2%。从战争前半段的32.2%降至后半阶段的22.0%。

尽管税收从1937年度的17亿日元增至1944年度的127亿日元，增长了6.5倍，而直接税收从8亿日元增至83亿日元，增长了9.3倍，但相比借款和公债的规模，税收的增长并不能完全填补战争资金的

表4-4 一般会计与临时军事费特别会计的收入

年度	一般会计与临时会计支出总额（A）	一般会计收入（税收等）	公债与翻借资金			拨入临时军事费特别会计	临时军事费特别会计杂收入	B/A（%）
			一般会计	临时会计	总计（B）			
1937	47	17	6	14	20	0	0	42.5
1938	78	24	7	37	44	1	0	56.4
1939	88	19	13	39	52	1	0	59.1
1940	110	41	13	50	63	1	0	57.3
1941	165	48	24	69	93	2	0	56.4
总计	488	149	63	209	272	5	0	55.7
1942	244	73	4	126	130	4	3	53.3
1943	380	97	19	228	247	5	10	65.0
1944	866	127	54	580	634	8	8	73.2
1945	380	115	90	355	444	5	17	116.8
总计	1870	412	167	1289	1455	22	38	77.8
共计	2358	561	230	1498	1727	27	38	73.2

资料来源：《大藏省史》第二卷，第366—367、390—391页；《昭和财政史》第四卷，第21页；閧野満夫：『日本の戦争財政』，中央大学出版部，2021，第18页表1-11。

需求。直接税收在税收收入中的比例从1937年的56.8%上升至1944年的73.2%，间接税收的比例相应下降。很显然，虽然税收有所增加，但日本战时财政的财源仍主要依赖于公债和借款。这一现象突出了战争期间政府在财政支出方面的巨大压力，以及为了支持战争努力采取的各种财政措施。

在1937—1945年的中日战争和太平洋战争期间，日本的战时国债策略呈现了一些独有的特点。新发行的国债总额达到1283亿日元，其中有66%，即846亿日元，是由日本银行直接购买的。这种直接购买方式的普及，意味着大部分国债并未在市场上销售，而是由中央银行直接收购，这导致了市场上日本银行发行的纸币流通量的增加。此外，通过国内储蓄吸引的国债部分，主要是存款部（即邮局储蓄）收购的比例占30%，而邮局面向大众销售的部分仅占4%。这表明日本大众对于购买国债的参与度较低，而政府更多地依赖中央银行和储蓄系统来融资。

关野满夫在其著作《日本的战争财政》中对比了美国、英国、德国和日本的货币流通量变化，发现日本的纸币流通量增长率从战前到战后实际上增加了21.4倍，而美国增加了3.6倍，英国2.6倍，德国6.4倍。

这种货币流通量的剧增，在全球范围内引发了物价的大幅上涨，日本的物价上涨尤其显著。以1935年为基准年（指数=100），到了1940年，美国、英国、德国的物价指数仅在102—127之间波动，而日本已经达到了170。到1945年战争结束时，日本的物价指数飙升至581，与美国、英国和德国的118—163之间波动的指数相比，日本的物价上涨幅度显得尤为突出。

战时日本的通货膨胀对其统制经济和军需生产造成了极大困扰，使得经济政策的执行变得异常艰难。因此，抑制通货膨胀成了战时经济政策的紧迫任务。日本政府采取了一系列措施试图控制物价上涨，例如强制国民储蓄以减少市场上的货币供应，增加所得税和消费税以限制消费需求和抑制消费。然而，随着侵略战争的持续深化，军事开支不断攀升，财政压力急剧增大，这些政策措施难以有效抑制物价的快速上升。

战争时期的资金动员：
国债、储蓄与财政的膨胀

一、国债的角色与战争财政

在战时日本的经济运作中，我们可以识别出三个财政和经济的核心要素。第一个核心要素，确保持续的财政支出是至关重要的，因为庞大的军事开支需要稳定的资金来源。日本政府主要通过两种方式来确保资金的稳定性：一是加强各种税收措施，如所得税和消费税；二是大规模发行战时公债。为了保证这些公债能在资本市场上得到消化，促进国民储蓄便成了策略的关键。

第二个核心要素，确保民间企业的资本形成也是必要的。为了满足军需生产的要求，企业需要大量资本投资，这不仅依赖企业自身的资金，也需要来自金融机构的贷款支持。因此，增加公众储蓄，以便金融机构能够扩大贷款规模，成了另一个必要措施。

第三个核心要素是抑制通货膨胀和消费。由于军需品的优先供应，民间的消费品供应减少，同时由于军事开支和国债的发行导致货币供应增加，通货膨胀的风险随之增大。为了应对这一挑战，政府不仅实施了物价和消费的直接控制措施，如食品和生活用品的价格管制和配给制度，还强调了增加国民储蓄的重要性，包括推行半强制性的储蓄计划、存款和国债购买等。

表4-5　1937—1945年日本新发国债额度变迁

单位：亿日元

年度	总额(A)	军事公债(B)	收入填补公债	殖民事业公债	内地事业公债	B/A（%）
1937	22.3	17.5	3.6	0.5	0.7	78
1938	45.3	38.1	5.8	4.9	0.6	84
1939	55.2	43.7	9.4	1.4	0.6	79
1940	68.9	52.3	12.7	1.7	0.7	75
1941	101.9	71.0	24.3	1.6	1.2	69
1942	137.2	125.6	3.1	1.8	0.8	91
1943	204.7	175.4	18.7	4.1	2.3	86
1944	308.1	238.1	58.7	6.5	5.7	77
1945	424.7	322.6	90.1		9.9	76
共计	1368.3	1084.3	226.4	22.5	22.5	79

说明：殖民事业公债指的是朝鲜事业债和台湾事业债，内地事业公债指的是铁路。

资料来源：《昭和财政史》第6卷（国债），第292、389页；関野満夫：『日本の戦争財政』，中央大学出版部，2021，第169页表6-1。

在表4-4中已确认的战时（1937—1945）的日本财政数据，一般会计和临时军事费用特别会计的累计支出总额为2358亿日元，公债和借款为1727亿日元，税收收入等为571亿日元。这意味着战时支出的73.2%是通过公债和借款来支付的，与美国的59%、英国的51%、德国的51%相比，日本的公债依赖度非常高。

1937年后，日本的国债规模每年都在快速增加，特别是1942年太平洋战争爆发后，新发行的国债规模大增。从表4-5中可以看到，新发行的国债主要用于军事支出，每年军事相关的公债发行量占到国债总额的大约80%，其中1942年达到91%。1937—1945年，日本军事公债的累计发行量高达1084亿日元，占总额的79%。除此之外，还有用于填补一般会计收入的公债（226亿日元）、用于殖民地事业的公债（18亿日元）以及用于内地事业的公债（22亿日元），合计占国债总额的18.4%。

1937—1945年，日本的财政结构特别注重通过各种会计渠道为临时军事费特别会计调拨资金，以确保军事活动的持续进行。值得注意的是，如果没有这些额外的资金来源，一般会计、殖民地事业会计和内地事业会计中的公债发行实际上是不必要的。由此可见，几乎所有战时发行的国债实际上都是用于支持战争。

具体来说，战时日本新发行的国债主要不是由民间市场购买的，而是通过日本银行和财政省（大藏省）的存款部门进行直接承购。这种做法可以追溯至1932年，最初是为了响应1931年"九一八"事变以及日本国内农村经济的萧条。在财政大臣高桥是清的倡导下，这一直接承购模式开始被广泛采用。

1932—1936年间，日本新发行的国债总额约为39亿日元，其中85.9%由日本银行直接承购，13.5%由存款部门承购。1937—1941年间，新发行国债总额攀升至293亿日元，其中68.7%被日本银行承购，22.2%由存款部门承购，邮局销售占8.2%。1942—1945年间，新发行的国债总额高达989亿日元，其中65.1%由日本银行承购，31.6%由存款部门承购，邮局销售仅占3.3%。总体而言，在1937—1945年战争期间，新发行国债总额达到1282亿日元，65.9%由日本银行承购，29.6%由财政省的存款部门承购，邮局销售占4.4%。

这说明，在战时日本，国债的发行和承购主要是由政府及其相关机构完成，而非由私人资本市场承担。这也反映了战争经济在财政上对政府机构的深度依赖。尽管如此，将近三成的国债由存款部门和邮局销售消化，表明基于国民储蓄的公债吸纳能力还是存在的。这表明至少有一部分战时国债是由普通民众的储蓄所支持的，可见战时财政机制中存在着一种复杂而微妙的平衡。

在战时日本，约七成的国债是由日本银行直接购买，这一操作将新发行的国债实际上转换为日银券，即纸币。此做法的一个潜在副作用是可能导致通货膨胀，因为它增加了货币供给量。为了缓解这种副作用，日本银行需要在市场上逐步销售这些国债，以回收流通中增加的日银券。这构成了一种固定的资金循环模式：国债的发行促进了财政支出（主要是军事支出）的增加，进而刺激了经济增长和国民收入的提升；随着经济活动的增强，金融机构的存款增加，这些机构随后会购买更多的国债，从而将日银券回流到日本银行，完成资金循环。

　　战时，日本发行的国债主要是内债，依赖于国内市场消化。从1930年的75.2%开始，内债在国债中的比例逐年增加，到1937年已经达到了90%，而到了1945年末，这一比例高达99.4%。现代社会中，中央银行通常不直接购买国债，这一规则在日本财政法中也得到了明确规定，即所谓的"国债市场消化原则"。该原则旨在防止中央银行通过购买国债直接为政府融资，因为这可能会破坏财政纪律并引发通货膨胀。这一原则的形成，是基于长期的历史经验，因此不仅是日本一国的做法，也是其他先进国家的普遍规定。

　　战后日本制定的财政法吸取了战时财政的经验教训。尽管战时日本将国债的购买视为"禁忌的手段"，但这种方法确实成功地在国内市场上发行和消化了大量战时国债，并有效地筹集了战争资金。和平时期，财政部门通常注重于保持财政收支平衡和控制通货膨胀，对公债发行进行严格控制，目标是减少公债余额。相比之下，战争时期的情形截然不同。在全国动员的战争情况下，财政部门的角色转变为支持战争，成了推动战争持续的帮凶。日本财政学者关野满夫引用大藏省总务局长迫水久常名作"国家全力战争与财政"的演讲，通过比较公司借款和资产形成，强调考虑到"大东亚共荣圈"

的广泛经济基础，当时累积的国债余额（截至1942年末为554亿日元）并不需要过度担忧。

迫水久常关于战时日本国债的观点，体现了当时陷入战争财政思维的人们疯狂的一面。他认为，尽管人们担忧公债可能最终变得毫无价值，但实际上国家的债务是有对应资产的，正如公司在成长中通过借款形成资产一样。因此，不需要太过担忧公债的偿还问题。他还进一步指出，尽管战争导致了物质消耗，但日本的基础经济结构依然强大稳固，所以物质损失是可以相对容易地补充的。

在全民动员的战争状态下，财政部门的角色和思维发生了根本转变，从一个简单的财政收支管理机构变成了战争的关键推动者。迫水久常的观点即使在当时特定的战争环境中具有一定的合理性，但更表明的是战争可能导致的主政者对财政和经济风险的轻视，以及战争条件下人们判断力可能产生的偏差。即便当时的财政大臣贺屋兴宣，在1944年1月战局日益严峻之时，也在众议院委员会中强调，增加国债发行能够提高战争生产能力和取得胜利的可能性。他坚信："我认为增加国债会提高我们取得胜利的机会。如果不能多发行国债，就像不能分配更多的兵器和炸弹一样，那么败局就已经开始。一旦国家失败了，关于国债本金和利息的偿还问题就变得不再重要，因为这将是一个过去的问题。现在关键是要赢还是要输。要取得胜利，我们就需要提升战争生产能力，因此，在这种背景下增加债务是为了最终的胜利。"[1]为了配合战争，财政部门的言论也成了鼓舞士气、持续战争的宣传工具。

---

① 参见1944年1月25日，第85次议会众议院委员会的答辩。藤崎宪二：《昭和财政史》（战前篇）第6卷（国债），日本经济新报社1954年版，第394—395页。

二、国民储蓄的动员

为了确保国债在资金市场的充分吸收，增加国民储蓄变得至关重要。这涉及邮政储蓄以及邮局销售的国债，还包括民间金融机构购买的日本银行承销的国债。1937年以后，日本政府开始推动国民储蓄计划。这项政策分为两个阶段。

第一阶段始于1938年4月的内阁决定。此决定启动了至1941年的年度国民储蓄奖励活动，并据此制定了国家资金需求计划和国家资金综合计划。这些计划制定了每年的储蓄目标，包括为公债和生产能力扩张所需的资金。具体而言，1938年度的目标是80亿日元（其中公债50亿日元，生产力扩充资金30亿日元），1939年度为100亿日元（公债60亿日元，生产力扩充资金40亿日元），1940年度为120亿日元（公债60亿日元，生产力扩充资金40亿日元，吸收浮动购买力20亿日元），1941年度为170亿日元（公债110亿日元，生产力扩充资金60亿日元）。

在这个阶段，由于缺乏准确的国民收入和可储蓄额统计，所设定的储蓄目标实际上是根据预计的资金需求来反推的。这反映了当时政府在缺乏完备数据支持下的政策决策过程。

第二阶段，根据1941年7月的内阁决定，财政金融基本方针纲要被制定出来，战时财政政策的方向得以明确。这一纲要在"第一方针"中强调了为了强化战争经济基础，推进高度国防国家体制的完成，需进行与财政金融相关的必要改革。这些改革不仅包括财政和金融方面，也包括计划性地动员和分配国家资金，旨在通过改善资金运用的方针、机构和方法，以实现国家经济的最大效用。

大藏省内部成立的国家资力研究室负责每年计算国家资力和国民收入，目的是更科学地在不同部门间分配资源，确保财政、产业和国民消费的平衡。战时日本的财政策略，特别是公债消化资金和产业资金的来源问题，通过一系列计算和措施得到了数据上的解决。这些资金的主要来源被确定为国民储蓄，其中国民储蓄被定义为国民收入减去税负与消费支出之后的余额。这样的财政政策为战时经济提供了一个结构化和形式化的框架，不仅解决了资金的筹集和分配问题，还对如何有效使用这些资金提供了指导。

在1937年11月11日的演讲中，当时的财政大臣贺屋兴宣强调了战时储蓄的多重重要性，指出公债在战时财政中所处的中心地位以及国民储蓄在吸收这些公债中的关键作用。贺屋提到储蓄的社会意义和道德意义，即将其视为个人财富增长的基础，同时也将其看作为了国家、战争和胜利的必要手段。他还阐述了储蓄与消费之间的关系，指出通过提高国民储蓄，可以有效消化公债，并减少恶性通货膨胀的风险。在他看来，通过减少消费来增加储蓄是支持国家战争努力和经济稳定的重要策略。[1]

贺屋兴宣的论点体现了一种战时的国家主义和精神主义。在这种思维框架下，储蓄成为全体国民超越财政和经济手段的道德和精神上的责任。他的观点的出现，揭示了战争环境如何迫使日本展开全面社会动员。以此为转换点，此后，储蓄不仅仅是局限于财政和经济层面的事务，也是涉及国民道德和精神层面的任务。这种全面动员的观念认为，战争的成功需要国民在经济、文化和道德等各个方面都做出牺牲和贡献。贺屋的言论不仅是对战时财政政策的阐述，也是对战争时期国民整体心态和行为的引导，核心在于强调了全民参与和牺牲的必要性。

---

[1] 藤崎宪二：《昭和财政史（战前篇）》第6卷（国债），东洋经济新报社1954年版，第601—602页。

在演讲中，贺屋兴宣进一步强调了国民通过增加劳动力和减少个人消费来为战争贡献资源的重要性。他甚至提出，为了国家和战争胜利，人们应该接受更加节俭的生活，以及由此带来的生活品质的降低。这种观点体现了一种国家主义和精神主义思想，将个人经济行为与国家及其战争目标紧密联系起来。

为了促进民间储蓄，1938年4月，大藏省成立了国民储蓄鼓励局（大藏省外部组织），并发起了一系列国民储蓄鼓励运动。政府透过各种媒体渠道传达储蓄的必要性，并采取了多种具体措施。第一，全国广泛成立储蓄协会，以促进储蓄的集体实践。到1941年3月为止，储蓄协会的数量规模达到了全国53.1万个，计3631万名协会会员，20亿日元储蓄额。第二，政府推出了具有奖励性质的储蓄债券（1938年起）和报国债券（1940年起），利用公众的投机心态来增加储蓄。这些债券由日本劝业银行销售，销售收入全部存入大藏省存款部，并作为国债承购的资金。第三，邮局开始销售面向个人的小额国债。这些小额国债最初是自愿购买，但随着战争的推进，逐渐转变为事实上的强制性购买。

通过这些措施，政府从上至下强化了增强储蓄的宣传，并通过职业领域和地域相关的各类组织进行强制储蓄。加上战时名义国内生产总值的上升，日本国内的储蓄额迅速增加，实际储蓄金额与政府设定的储蓄目标基本相符，尤其是从1942年开始，实际储蓄金额经常超过政府的目标。①

---

① 関野満夫：『日本の戦争財政』，中央大学出版部，2021。

不可抹去的战争印记：
通货膨胀和债务偿还中的财政重塑

1945 年 8 月 15 日正午，日本裕仁天皇通过广播发表《终战诏书》，接受中、美、英三国促令日本投降之《波茨坦公告》，宣布无条件投降。自 1931 年"九一八"事变后，中国人民坚持了长达 14 年的抗日战争取得了最终的胜利。战后，日本面临巨大的财政和经济困境，其中包括庞大的战争债务、毁坏的基础设施以及严重的通货膨胀。

战败前，日本背负的国债已达国内生产总值（GNP）的 144%。战争结束时，这个数字还在增加。此外，日本政府还必须处理巨额的补偿债务，总额约 2000 亿日元。这使得日本立刻陷入财政破产状态。日本的通货膨胀在战败后变得更加剧烈，据《昭和财政史（战前篇）》第 19 卷，从 8 月 15 日日本投降到年底，日本国内物价几乎翻倍。黑市价格更是高于官方定价的 30 倍以上，并在半年内继续翻了一番。物资短缺迫使民众转向黑市，进一步推高了价格和通货膨胀率。为了解决这些问题，日本必须全面重建其财政和经济体系。日本政府展开财政重建的计划，包括实施一次性财产税和财产增值税来偿还累积的国债等。但是，这些措施在快速通货膨胀的环境下，难以产生显著效果。

日本银行券的发行量迅速增长，从 1945 年 8 月的 4230 亿日元增至 1948 年 12 月的 35530 亿日元，增长了 7.4 倍。日本不仅依赖日本银行直接购买的一般会计国债，而且大量发行了特殊会计和政府项目相关的国债和短期证券，甚至还利用了复兴金融公库的债券发行和各类银行贷款。这些措施都进一步推高了日本银行券的发行量，从而加剧了通货膨胀。然而有趣的是，这种剧烈的通货膨胀在一定程度上也缓解了战后初期日本面临的最大财政压力——巨额债务。根据统计，国债余额从1945年末的1408亿日元增加到1949年末的3914亿日元，但由于通货膨胀，其占GNP的比例却从144％降至11％。同时，国债在一般会计支出中的比重也从1946年的4.8％下降到1949年的1.8％。除了国债之外，政府的其他短期债务和借款的实际负担也在减轻。按照《昭和财政史（战前篇）》第19卷的数据，虽然名义上政府的总债务从1935年的105亿日元增至1949年的6372亿日元，但由于物价上涨，实际债务额（以1935年的物价为基准）从1945年的167亿日元减少到1949年的28亿日元，减少了约5/6。

战后日本的经济重建是在悲痛与苦难中进行的。国民曾以为战争的结束将带来和平与复兴，但实际上却迎来了生活成本的激增与储蓄的贬值。战争期间的国民储蓄动员计划，虽然旨在支持国家的军事开支，却在战后造成了民众经济生活的破坏。

在极端通货膨胀的打击下，金融机构显示的庞大存款数字很快变得不堪一击。那些被迫购买战争债券的储蓄，本应成为战后重建的基石，反而在物价飙升面前不断缩水。政府在1946年实施的储蓄冻结政策，进一步限制了民众对于自己紧缩的储蓄的使用，这不仅限制了民众的经济自由，更加深了他们的绝望感。尽管民众的储蓄账户数字未变，但他们的实际购买力却急剧下降，许多家庭为达到基本生活需求而苦苦挣扎。

战后物价的飙升，特别是食品和生活必需品价格的上涨，使得普通家庭的生计变得更加艰难。国民在战争中所作的牺牲和努力，以及战后对经济复苏的期盼，被通货膨胀的狂澜所淹没。通货膨胀不仅摧毁了民众的经济储备，也侵蚀了他们对政府的信任和对未来的希望。

这段时期日本的经济政策，不仅标志着新的苦难时代的开始，也反映了一个更深层次的社会和文化变革。在政府努力稳定经济和重建信誉的同时，普通人的生活储蓄、他们辛勤工作的成果以及他们的未来梦想都面临着严峻的考验。民众所经历的不仅仅是物质上的贫乏，更是精神上的疲惫和心灵上的创伤。战争带来的创伤远未愈合，战后的经济困境更是给日本国民的心灵增添了新的伤痕。

第五章

和平与安全：
日本再军备背后的财政机制

日本的和平主义基石

一、日本的和平主义演变

和平主义不只是政策上的选择，更是日本现代历史中的一个突出特点，反映了日本从激进的军国主义国家向一个以和平与合作为核心价值观的国家的根本转变。这个转变的起点是在1945年的世界大战中彻底失败和随之而来的无条件投降。这终结了日本的军事扩张，也开启了国家历史的新篇章。

战后初期，日本处于混乱而方向不明的局面，迫切需要重建和确定新的发展道路。美国的占领（1945—1952）对日本走向和平与重建起到了关键作用。在这期间，1946年，为确保日本不再成为周边国家安全的威胁，占领军指导日本起草了新宪法。这部宪法以和平与民主为核心，明显区别于之前的皇权宪法。在美国专家的协助下，日本法律团队写就了新宪法，其中最关键的是第九条，它是日本和平主义的核心。该条款下，日本承诺不再以战争解决国际争端，放弃维持任何军事力量。第九条不仅定义了日本的军事政策，也塑造了其在国际社会中的和平主义的新形象。

新宪法保证了日本不再追求军事扩张，而是专注于经济发展与国际合作。1947年，这部宪法获得国会批准并生效。虽然转变是在外部压力下进行的，但日本民众和政府也都认识到，为了国家的长远利益和全球和平，这一转变是必须的。

在第二次世界大战后，日本的和平转型成为其现代历史的显著特征。1947年颁布的新宪法中，第九条确立了日本的和平主义立场，表明其"永远放弃战争"的决心，并且禁止维持传统军力。这一承诺标志着日本从军国主义向和平主义的根本转变。

然而，1950年朝鲜半岛军事冲突的爆发，让日本感到安全上面临新的挑战。因地理位置关系，日本成了西方与苏联力量交锋的前线。美国在重新考量亚洲战略的过程中，提议日本组建国家警察预备队以维持国内秩序。这一提议在1950年8月，由时任首相吉田茂实施。此预备队的目的在于维护内部安全，同时弥补美军在亚洲的军事空白。

随着时间的流逝，警察预备队不仅规模扩大，其职能也变得更为广泛。1954年，鉴于周边的安全形势，日本将警察预备队改组为自卫队，这一组织包括了陆军、海军和空军三大军种。尽管自卫队的成立似乎与宪法第九条所规定的内容相悖，但日本政府解释称，第九条所禁止的是具有侵略性质的军事力量，而自卫队仅作为防御性力量以保障国家安全和独立。

这一解释在日本本国与国外均有争议，引发了关于自卫队合宪性的讨论。尽管如此，和平主义已深植于日本社会，并成为国家核心价值观的一部分。在战后数十年间，日本不参与战争、不派兵海

　　　　　　　　　　战争与财政

外，并专注于经济建设。这一策略使得日本获得了显著的经济繁荣，并成为世界主要经济体之一。因此，和平主义政策不仅为日本带来了长期稳定，还促进了其繁荣发展，成为日本现代历史的一个重要的里程碑。

二、日本安全政策的转型与国际角色的重新定义

在现代全球框架内，和平主义下的日本是一个特别的实体。随着1947年和平宪法的实施，这个曾经以侵略性扩张为生存方式的国家，在历史的关键时刻转向了和平国家的新身份。但进入21世纪，这一核心原则又因复杂的国际政治和战略而开始显现裂纹。

宪法第九条不仅是日本政策的一部分，也成了日本现代身份的象征，宣告了其对外的承诺：永久放弃战争及军事侵略。这种深刻的自我限制源自对第二次世界大战经历的深刻反思，反映出日本对自身在未来全球和平与稳定所承担角色的思考。

1990年代起，随着全球政治格局的演变，日本开始逐渐改变其一贯的和平主义立场。日本参与了联合国的和平维持任务，并向柬埔寨、东帝汶、苏丹派遣了自卫队。尽管这些行动都是在非战斗情况下进行的，但它们标志着日本开始在国际安全领域扮演更积极的角色。此外，自卫队的国际人道主义和灾害救援行动显示了日本正逐步超越和平宪法的限制，试图在全球舞台上发挥更大作用。

在2012年安倍晋三再度担任日本首相后，日本的安全政策进一步经历了显著的转变。安倍政府致力于宪法修正和更新对其的解释，以使日本能更有效地面对21世纪的安全挑战。特别是在2014年，日本政府对"集体自卫权"进行了重大的重新解释，这一步骤标志着安全政策的根本转折，并指明了日本未来新的战略方向。

这一政策变动激发了国际社会和日本国内的广泛关注与辩论，

但日本政府坚持认为，此举对保护国家的利益和维护和平至关重要。这一新解释扩展了日本行使军事力量的条件，特别是当其盟友遭受攻击，且此攻击直接威胁到日本安全时，允许日本行使军事力量。

此决策发动依据三条主要原则：一是当盟友遭受攻击严重威胁到日本的国家存续时；二是在缺乏其他保护措施的情况下；三是确保任何军事行动严格限制于基本自卫需求范围内。日本国内对此政策有多方面的反应，一些人认为，鉴于当前的国际安全局势，尤其是东亚地区的紧张关系，这样的能力是必要的，而其他人则担心这可能会导致日本偏离其长期的和平姿态并卷入不必要的冲突。

美国作为日本的主要盟友，在这一政策转变过程中扮演了重要角色，长期以来鼓励日本增强其军事实力和承担更大的安全责任。安倍政府的政策变动，在很大程度上得到了美国的支持。通过重新解读"集体自卫权"，安倍政府实际上不仅更新了日本的安全政策，也重塑了日本作为国家的身份和角色。

二战后日本防卫预算与1%框架

一、战后重生与经济奇迹下的防卫政策

第二次世界大战后的日本经历了一次深刻的转变，结束了长达半个世纪的军事扩张和帝国主义历程，迎来了重建的时代。在盟军总司令部（GHQ）的严格控制下，日本的军事、政治和社会结构被彻底重塑，以确保其不复成为军事大国。转型成一个以和平与发展为核心的国家后，日本正式放弃了维持传统军事力量的权利。

然而，随着冷战时期地缘政治格局的演变，美国意识到需要在亚洲建立一个可靠的盟友以阻止共产主义的扩散。因此，尽管日本宪法明文禁止拥有武装力量，美国依然支持日本建立了自卫队。自卫队虽不是传统意义上的军队，却具备军事功能。

日本和美国的关系也在这一时期发生了重大变化。1951年签署的《日美安全保障条约》奠定了两国的安全合作基础。美国承诺防卫日本，而日本提供驻军基地。1960年，双方更新了该条约，进一步加强了安全合作，明确了美军在日本的驻军地位。这份条约超越了军事协议的范畴，成为一份全面的政治战略盟约。

战后日本的安全政策建立在和平主义和与美国合作这两大支柱之上。和平主义原则通过宪法第九条体现，即放弃战争与军事扩张；与美国的合作则通过《日美安全保障条约》实现，以确保国家安全。这两个方针获得了战后日本社会的普遍认同。

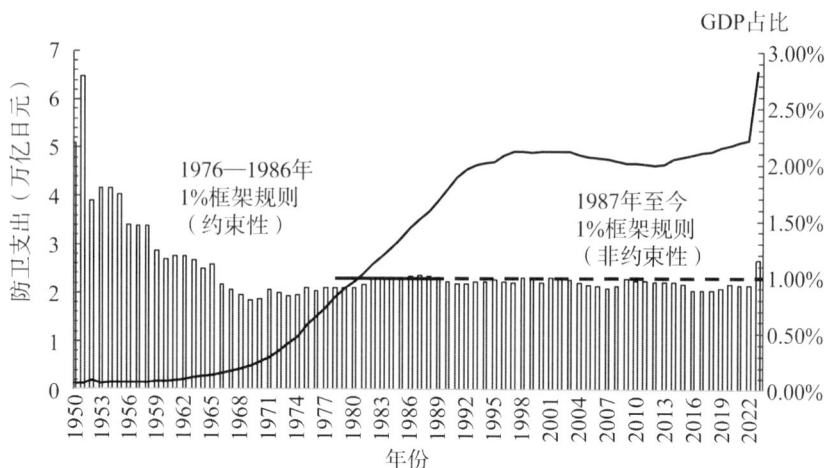

图5-1 第二次世界大战后日本防卫支出与GDP占比的变迁

说明：这里的防卫支出并不包含1997年以后的SACO相关经费。SACO相关经费是指日美两国政府为减轻冲绳县民众的负担而设立的"关于冲绳的特别行动委员会SACO"以1996年12月提交的最终报告为依据的各种项目费用，包括土地归还的项目以及与实弹射击训练移至本土相关的各种费用等。

资料来源：根据各年度日本防卫省自卫队《防卫白书》以及内阁府经济社会综合研究所的相关数据绘制而成。

在第二次世界大战后的重建时期，日本采取保守而实际的方法展开军事预算的管理。从留下的资料中可以观察到国际关系和国内政策的复杂互动。如图5-1所示，1951年，日本的国防预算包括了警察预备队的支出，总计1199亿日元，占当时GNP的2.187%。到了1952年，随着《旧金山和平条约》和《日美安全保障条约》的签订，日本在全球政治舞台上重新定位。日本国内，警察预备队与海上保安厅的海上警备队合并为保安厅，这个机构后来转型为自卫队。这一改变也在财政预算上体现出来，军事支出增加至1540亿日元，占GNP的2.779%，达到战后的一个峰值。

日本经济快速增长的时代，即1955—1973年，被广泛认为是现代经济史上的一个奇迹。日本不只是从战争的废墟中复兴，还实现了引人注目的经济飞跃。在这个过程中，朝鲜战争成为日本经济迅速复兴的转折点。日本作为美军后勤基地的角色，使其从战争中获得了经济利益，并为其后续经济的快速增长奠定了基础。此外，日本政府实施的一系列经济策略，包括提供优惠贷款和税收减免，也极大地推动了国内产业的发展。

1956年的《经济白皮书》声明，日本已"不再是战后"。这标志着日本结束了战后的混乱与重建阶段，步入了持续的高速增长时代。这时期，日本的年均实际增长率达到了9.1％，无论是工业、农业还是服务业均实现了显著扩张，尤其是在汽车、电子和重工业等关键行业取得了全球性的成就。

尽管经济增长显著，但日本的防卫开支却呈现出与之相反的趋势，在GDP中的比例持续下降。然而，这并不意味着日本在国防方面投入减少，实际上，随着经济的整体增长，国防预算的绝对数额实际上在增加。日本经济的发展导致即便是较小的GDP占比，也意味着较大的实际金额。1955—1973年，日本不仅经济上取得了巨大成就，跻身世界经济强国之列，而且在军事预算的绝对值上也出现了稳健的增长，尽管军事预算相对于GDP的占比有所下降。这种趋势揭示了日本政府在保持经济增长动力的同时，也在务实地增强国防能力。经济与国防能力的双双增强，体现了日本综合国力的增强。

二、经济与防卫政策的平衡之路

朝鲜战争结束后，美军开始逐步撤离远东地区，给日本的国防带来了空白，同时对亚洲地区的稳定构成了挑战。为了应对这一安全挑战，日本政府迅速启动了一系列建设防卫力量的计划。这一计划从1957年起，分为四个阶段，跨越了20年。第一阶段的防卫计划持续了三年（1957—1960）。接下来的三个五年计划，分别为1962—

1966年、1967—1971年和1972—1976年，每个阶段都设定了明确的军事建设目标并编制了预算。在这些计划指导下，日本的国防预算持续增长，引发了当时公众的广泛关注。公众担忧过度增长的军费开支可能会影响国家经济的发展和社会的稳定。

为了平息社会的担忧，当时的首相田中角荣指示防卫厅研究平时防卫需求的支出情况，以提高公众对军事支出的信心和理解。1973年，防卫厅发布了以"和平时期的防卫力"为题的报告。该报告强调在和平时期，将防卫开支控制在国民生产总值的1%以内，是维持国家长期经济发展和社会稳定的关键。1975年，由防卫厅长官坂田道太主持的顾问机构"防卫思考会"进一步深化了这一策略，建议在保持GNP 1%的限制的同时，注重提升防卫力量的质量而非数量，并建议针对新的安全环境重新评估和调整防卫力量的整备策略。[1]这一系列的报告和措施反映了日本在维护国家安全和推动经济发展之间寻求平衡的努力。

1976年，日本国防政策经历了根本性的改变。在三木武夫内阁的推动下，政府对原有的防卫力量建设计划进行了影响深远的调整，启动了被称为"昭和52年度及以后的防卫计划大纲"（简称"51大纲"）的新战略。该大纲不再简单延续先前的防卫计划，而是基于"基础防卫力"概念制定的全面策略。这一概念着重在和平时期确立必要且基本的防卫能力，避免不必要的军事扩张。

此变革后，日本政府进一步确立了国防预算的管理原则，特别是在1976年11月，"51大纲"正式获批后，政府规定执行新防卫计划时，未来数年内防卫开支不得超过国民生产总值的1%，这一政策

---

① 沓脱和人：『戦後における防衛関係費の推移』，『立法と調査』2017年，第395号，81—98页。

即称为"GNP1％框架"，并成为后续日本国防预算管理的核心。

在1970年代，日本面临全球货币制度的动荡，特别是1971年美国结束了美元与黄金的直接兑换，对日本经济构成重大挑战。日元升值和1973年石油危机的双重打击，使日本遭受高通胀的打击，经历了"狂乱物价"的时期。这些经济挑战为三木内阁采取"1％框架"提供了现实背景，使国家能在紧张的经济环境下平衡防卫需求和财政稳定。

在20世纪六七十年代之交，日本国内的政治版图经历了重大变迁。受民间和市民运动的推动，1963年的地方选举见证了多个大城市，包括横滨、京都、大阪和北九州，革新派市长的胜选。这股政治变革的浪潮还促成了全国革新市长会的成立，并且不久后，东京、大阪和神奈川等地区也纷纷选出了革新派的地方政府首脑，这对长期执政的自民党构成了前所未有的挑战。

在此政治氛围下，田中角荣首相领导的政府推出了一系列政策以回应革新派的政治议程。1973年，田中内阁在预算中提出了一系列社会保障政策，包括为老年人提供的医疗费用免费化、年金政策的改革，以及物价与工资的滑动调整机制，大幅增加了社会保障的支出。

同年，田中角荣提出了雄心勃勃的"日本列岛改造论"计划，旨在调整国土空间结构和经济布局，加大对地方的公共投资。在他坚定的推动下，1974年，日本政府实施了史无前例的2万亿日元减税措施，其中包括个人所得税的大幅减免和法人税的适度增加，总体实现了约1.4万亿日元的减税。[1]

1970年代，日本的经济和财政状况面临着严峻挑战。田中角荣时期大胆的经济措施，虽然重塑了日本的社会保障体系并促进了公

---

[1] 井手英策：『日本財政の現代史1−土建国家の時代1960−85年』，有斐閣，2014年。

共投资，但也对国家的财政健康产生了深远的影响，这些政策的长期效应直至今日仍有所体现。

在应对日益增长的财政赤字问题时，田中角荣政府选择了通过大规模发行特别公债来填补缺口。这种做法虽然在短期内为日本经济注入了流动性，却也导致了国家债务水平的不断攀升。1974年，在全球经济放缓和国内高通胀的双重挑战下，日本经济增长放缓。政府为刺激经济增长，决定增加特别公债的发行量，但这未能扭转经济下滑的趋势，日本经济战后首次出现了实际负增长。

由于这些经济挑战，1974—1978年间，日本的资本投资明显减缓。1975年之后，特别公债的发行速度更是急剧加快，使得国家公共债务水平持续升高。在这种财政紧张的状况下，田中角荣的继任者三木武夫不得不放弃前任的经济政策，转而采取一系列财政紧缩措施。其中最有争议的决策之一，是对防卫预算设定上限，这被视为在紧缩财政的大环境中，为确保国家财政稳定所采取的必要措施。

在1970年代的冷战背景下，日本与美国之间保持着紧密的安全合作关系，这对日本的防卫政策产生了显著影响。当时的日本防卫厅长官坂田道太对"GNP1％框架"做出了新的阐述：在《日美安全保障条约》的支撑下，日本通过将防卫预算限制在国民生产总值（GNP）的1％以内来抵御外部侵略，是可行的。但他也指出，如果《日美安全保障条约》失效，日本为保障自身独立和安全，将不得不从根本上改变其防卫策略，这可能导致防卫预算超出GNP的1％。[①]

坂田道太的言论反映了日本在冷战期间特有的安全策略，即在日美安保体制下对美军的高度依赖。这种策略旨在平衡外部威慑需求与国内对军费支出的限制之间的矛盾。然而，虽然"GNP1％框架"

---

① 《第76回国会众议院决算委员会会议录》，第2号（1975.11.13），第19页。

在1976年提出并开始实施，但它并没有持续很长时间。尽管在外界看来，这个框架似乎一直有效至今，但实际上，它只在1976年至1986年这十年间作为有约束力的政策被执行。此后，随着国际局势的变化和国内政策的调整，日本的国防策略及预算在多个方面发生了变化，使得这个框架逐渐从有约束力的政策转变为不具有约束力的政策方针。

三、防卫政策的演变与"GNP1%框架"的调整

在1984年，日本首相中曾根康弘遭遇了防卫预算决策的重大挑战。当时，由京都大学高坂正尧教授主持的私人咨询机构"和平问题研究会"提交了一份报告，建议重新审视国民生产总值（GNP）中防卫预算的1%上限。这份报告指出，自1976年设定1%上限以来，经济和社会环境发生了变化，实际经济增长未达预期，维持这一上限规定的可行性值得怀疑。

中曾根首相承认，1%上限是基于特定历史背景制定的，不应成为日本未来军事政策的永久性框架。[1]到1985年，日本的防卫支出已接近这一上限，占GNP的0.997%。在这一背景下，防卫厅表示，未来依照1%的规定分配预算将越来越困难。

为应对这一挑战，1985年9月，日本政府决定对防卫厅的中期业务预算进行重新评估，由此制定了新的"中期防卫力整备计划（61中期防）"，计划将从1986年起五年内的防卫费用总额限制在18.4万亿日元。防卫厅长官加藤纮一表示，具体支出额将根据每年的实际情况确定，具有一定的灵活性。到了1986年底，日本政府已决定放弃1%的上限规定，于是1987年的防卫开支首次超过此限，达到GNP

---

① 《第102回国会众议院预算委员会会议录》，第9号（1985.2.14），第33页。

的1.004％。这标志着自1976年以来的防卫预算上限被打破。①

1987年1月，日本政府在防卫开支上作了历史性的改变，面对日益增长的防卫需求与GNP1％上限规定的矛盾，采取了一种新的财政策略，这就是"未来防卫力整备"计划。该计划核心思想是放弃固定百分比上限，依据实际的军事需求和国家安全考量，每年确定固定预算额度。这使得防卫预算不再与GNP挂钩，而是与实际的中期防卫力整备计划相匹配，并采用了被称为"总金额明示方式"的新预算方法。

1987年，日本政府对防卫预算策略的这项重大调整具有深远影响。第一，它标志着日本正式摒弃了自1976年以来坚持的GNP1％的防卫预算上限原则，体现了日本在军事政策上由简单的经济指标转向更注重实际防卫需求。第二，这一策略变化为政府提供了更大的灵活性，使其能够根据国家安全形势的变化调整防卫预算，而不再受固定百分比的限制。在随后的三年中，日本的防卫开支持续超过GNP1％这一原来的上限。

1991年，日本国内对于防卫预算的讨论再次升温。那一年，防卫开支首次突破4万亿日元，达到41593亿日元，但占GNP的比例仅为0.997％，未超过1％的门槛。这一事实引发了关于是否应重新引入GNP1％框架的激烈讨论。

当时的防卫厅长官石川要三在这场讨论中发表了他的看法。他表示不打算重新采纳GNP1％框架，但也表示这一框架是一个值得尊重的指导原则。这说明尽管政府不再严格执行这一框架，但在决策过程中仍将其作为重要参考。事实上，自1988年首次预算超过

---

① 《第102回国会闭会后参议院决算委员会会议录》，第2号（1960.9.19），第7—8页。

GNP1%框架以来，直至2022年的长达34年间，日本的防卫预算始终围绕1%这一数字预算，显示出了政府在军事开支方面的稳健态度。尽管GNP1%框架不再是硬性规定，但它在日本的防卫政策中仍占据重要地位，是各届政府决策的重要参考。这种持续的关注既是出于传统和习惯，也体现了政策制定的一贯性和连续性。

四、从缩减再到扩张

2002—2012年这十年间，日本的防卫预算经历了持续的压缩，其总额从4.94万亿日元下降至4.65万亿日元，减少近3000亿日元。这一时期，日本政府在经济和财政方面采取了一系列严格的措施，旨在实现国家财政的健全和平衡。

2001年，小泉纯一郎在成为日本首相后，迅速推出了一系列激进的改革措施。在2001年5月的政策宣言中，小泉提出了将2002年度的国债发行量限制在30万亿日元以下的目标，这对政府各部门的预算提出了极具挑战性的削减要求。

小泉的改革措施不仅限于短期财政整顿，还包括长期财政重建计划。他强调，必须减少对新债务的依赖，以实现持续的财政平衡。[①]这意味着，日本政府需要减少对国债的依赖，寻找其他财政平衡手段。

在这种政策环境下，所有政府部门的预算均受到削减。包括社会保障和公共投资在内的关键领域也受到了预算削减的影响。防卫预算作为政府支出的一个重要组成部分，同样被纳入财政整顿的范围。尽管国防是国家核心职责之一，但在财政紧张的情况下，防卫

---

① 『第151回国会における小泉総理大臣所信表明演説』，2001年5月7日，https://www.mofa.go.jp/mofaj/gaiko/bluebook//2002/gaikou/html/siryou/sr_01_03.html〔2023-7-27〕。

预算也不得不面临削减。

2012年12月26日，安倍晋三的第二个首相任期开始，这是日本政治史的一个重要转折点。经过十年的防卫预算削减之后，自2013年起，日本的防卫预算开始呈现增长趋势。安倍首相对之前的民主党政府以及包括他第一次执政期间的自民党政府在内的连续防卫预算削减进行了反思，认为为了维护国家安全、确保国家稳定和繁荣，增加防卫预算至关重要。

安倍首相指示防卫大臣小野寺五典对国家防卫大纲和中期防卫计划展开深入审查。2013年初，根据新的计划和方向，《2013年度防卫力整备计划》被正式确立。这不仅仅是预算调整，更是国家防卫战略和方向的全面重置。

2013年12月，安倍首相进一步加强了国防与外交策略的调整，成立了关于安全保障和防卫力的研讨会，邀请多位专家和学者参与。国际大学校长北冈伸一担任主席。经过一系列讨论，日本政府首次发布了明确的中长期外交和安全保障基本方针——国家安全保障战略。

这份战略文件的发布代表着日本战后外交和防卫策略的重大转折。战略文件明确指出日本将基于"积极和平主义"的原则，为确保国际社会的和平、稳定和繁荣做出更多贡献。根据这一新的国家安全保障战略，日本随后制定了"2014年度及以后的防卫计划大纲"以及"2014年度至2018年度的中期防卫力整备计划"，为未来几年的防卫政策和力量部署提供了明确指引。安倍晋三的第二个任期期间，日本的国防与外交政策经历了深刻的调整与变革。这些调整与变革不仅仅体现在预算的增加上，更多的是日本国家安全战略的全面重塑。

自2013年起，在安倍晋三的领导下，日本开始实施更加积极主动的安全保障战略，同时，安倍政府也提出了构建一个"自立"和

"强大"的日本的目标。安倍在 2013 年 2 月 22 日访问美国期间,在华盛顿特区的战略与国际研究中心（CSIS）进行演讲,明确表达了他对日本防卫预算的立场:"面对严峻的财政局限,我已指示政府增加国防预算。"这一表态具有重要意义,因为这标志着日本政府多年来首次决定增加防卫预算。

回顾安倍晋三的执政历程,自 2012 年 12 月 26 日起至 2020 年 9 月 16 日,安倍晋三共担任日本首相 3188 天。在这期间,日本的防卫预算显著增长。从具体数字来看,2013 年的防卫预算为 4.68 万亿日元,而到 2020 年,这一数额增至 5.07 万亿日元。然而,尽管安倍政府提高了防卫预算,但在制定预算时仍然遵循了长期原则,即防卫开支不超过国内生产总值（GDP）的 1%。因此,虽然防卫预算在绝对数值上有所增长,但相对于整体经济规模,该预算仍然保持在 GNP 的 1% 以内。

斯德哥尔摩国际和平研究所（SIPRI）作为国际认可的研究军事支出的权威机构,长期追踪并分析全球各国的军事预算。该研究所提供的数据为学术界、政界和公众提供了重要的参考。通过 SIPRI 的数据,我们可以观察到日本在军事支出方面的历史变化。

1960 年,日本的军事支出在全球排名第 11 位。这一排名反映了日本在第二次世界大战后的恢复和发展态势,当时日本的军事支出并没有大幅增长。这与日本战后的和平宪法及其与美国签署的安全保障条约有关,这些政策和协议限制了日本的军事活动和支出。

随着日本经济的快速增长,军事预算也相应增加。到 1980 年,日本军事支出的全球排名已上升至第 6 位。这一增长与日本经济的蓬勃发展密切相关,但并非日本突然增加了军事活动。随着经济的增长,日本的税收增加,允许政府在包括国防在内的多个领域增加预算。进入 21 世纪,日本的军事支出达到了惊人的水平,在全球军事支出中排名第二,仅次于美国。这一排名表明,随着日本经济规模的扩大，其在军事领域的投入也水涨船高。

自1990年代泡沫经济崩溃以来，日本经济遭遇了长期的停滞期，面临着多重经济和社会挑战，如不良贷款问题、人口老龄化、税收减少以及医疗和社会保障费用增加等。这一时期也被称为"失去的十年"，随后甚至演变为"失去的二十年"和"失去的三十年"。

日本财务省的数据显示了这一时期经济的低迷。1992年，日本的税收达到了62.5万亿日元的高峰，但到了2010年，税收降至37.4万亿日元。与此同时，政府的公共支出持续增长，导致税收与财政支出之间的差距逐年扩大。例如，1989年税收与支出的差额为9.4万亿日元，到2010年这一差额增加到了54.9万亿日元，是税收的两倍以上。形成了一种向上下张开的"鳄鱼之口"的演变态势。①

在这种财政状况下，日本在军事支出上相对于其他大国显得有限。如表5-1所示，2000年，日本的军费全球排名第二，但到2022年已跌至第十位。同时，东亚及其周边地区的地缘政治环境也发生了显著变化，例如日朝关系紧张、中美贸易摩擦以及俄乌冲突等，使得美国对日本增加国防支出施加了更大压力。

尽管前首相安倍晋三不幸遭遇暗杀，但他的安全和国防政策在其继任者菅义伟和岸田文雄的领导下仍继续实施。这些领导人继续遵循安倍晋三的国家安全观，推动日本走向新一轮的军备升级。

---

① 参见日本财务省官网：https://www.mof.go.jp/policy/budget/reference/statistics/data.htm〔2023-7-27〕。

表5-1 国防军费支出世界排名

单位：百万美元

排名	1960年 国家	支出	1970年 国家	支出	1980年 国家	支出	1990年 国家	支出	2000年 国家	支出	2010年 国家	支出	2022年 国家	支出
1	美国	47346.6	美国	83408.0	美国	143688.4	美国	325129.3	美国	320086.3	美国	738005.0	美国	876943.2
2	英国	5129.9	波兰	8525.0	英国	28360.2	苏联	219114.1	日本	45509.7	中国	105522.6	中国	291958.4
3	波兰	3550.0	英国	6792.1	德国	25125.8	英国	43545.1	英国	39343.7	英国	63979.1	俄罗斯	86373.1
4	法国	3260.1	德国	5805.3	法国	22198.2	德国	39834.7	法国	28403.1	俄罗斯	58720.2	印度	81363.2
5	德国	2715.2	法国	4941.1	沙特阿拉伯	20724.5	法国	35774.4	德国	26497.6	日本	54655.5	沙特阿拉伯	75013.3
6	加拿大	1702.4	意大利	2216.8	日本	9711.7	日本	28800.5	中国	22237.1	法国	52044.1	英国	68462.6
7	意大利	1009.3	加拿大	1889.2	意大利	7915.7	意大利	20734.6	沙特阿拉伯	19964.3	印度	46090.4	德国	55759.7
8	罗马尼亚	740.8	印度	1833.0	阿根廷	6477.4	伊朗	16474.4	意大利	19878.7	沙特阿拉伯	45244.5	法国	53638.7
9	印度	681.8	日本	1575.3	西班牙	5508.4	沙特阿拉伯	16355.5	印度	14287.5	德国	43025.9	韩国	46365.4
10	瑞典	526.8	罗马尼亚	1542.0	印度	5420.8	西班牙	11695.0	韩国	13801.1	巴西	34002.9	日本	45992.1
11	日本	480.6	澳大利亚	1277.4	荷兰	5269.3	加拿大	11414.6	巴西	11344.0	意大利	32020.8	乌克兰	43997.7

说明：按当年汇率折算的现行价格。

资料来源：根据斯德哥尔摩国际和平研究所（SIPRI，Stockholm International Peace Research Institute）发表数据整理绘制。

再军备的财政基础

一、国防预算管理：挑战与透明度

从财政学的视角来看，预算不仅仅是关于财政收入和支出的数字化表述，还反映了政府的施政方向、经济管理策略和国家战略。预算的编制和执行不只是处理数字，更多的是对未来的规划和对现实的应对。

预算循环（Budgetary Cycle）是一个连续且复杂的过程，包括预算的编制、决策、执行和决算四个阶段，每个阶段都有独特的意义和作用。预算的编制阶段基于政府的政策目标和经济预测展开，政府部门会提交他们的预算申请并考虑资源分配的合理性和效率。

财政学传统理论提出了一系列预算原则，如内容与形式、公开性和严格性原则。公开性原则强调预算信息的透明度，确保公众能了解政府的财政状况并对其行为进行监督。严格性原则强调预算的严谨性，确保财政收支平衡，避免不必要的财政风险。除了初次预算，还有追加预算以应对无法预测的情况，如自然灾害或国际经济波动。追加预算需要经过与初次预算一样严格的审查和决策流程。在一个会计年度内，追加预算的次数不受限制。

预算管理和制定是国家核心的财政活动之一。对任何国家而言，确保其预算的合理、高效、透明，对维护经济发展和社会稳定至关重要。特别是在敏感的国防预算领域，平衡国家安全需求与财政可持续性是一个重要挑战。1976年，日本三木内阁提出了限制防卫预算不超过GDP 1%的框架，以平衡追求和平与维持自卫能力之间的关系。这个框架主要适用于防卫预算的初次预算，而非决算。

日本长期以来并不通过追加预算来显著增加防卫支出。如图5-2所示，2008—2011年间，日本追加的防卫预算相对有限，初次预算与GDP的比例大致与决算相符。但从2012年起，追加预算开始显著增长，特别是到了2022年，追加预算增至7655.2亿日元。在安倍晋三执政期间，尽管表面上防卫预算仍在1%的GDP框架内，但从决算角度来看，自2012年起，尤其是2019年后，防卫支出实际上已超出这一限制，并还在持续增长。

根据日本的财政法第29条，追加预算的制定受到严格限制，只有在满足"法律或合同要求的国家义务费用不足"或"预算制定后出现特殊紧急费用"的情况下，才可以制定追加预算。这引发了关于追加防卫预算是否真正基于紧急需要，还是受政治或策略性考虑影响更多的问题。《东京新闻》甚至将追加预算描述为政府的"第二个钱包"①，暗示在缺乏透明度和监管的情况下，追加预算可能被滥用，背离其原始目的。

追加预算在日本虽然经过与主预算相同的制定过程，但在政治、经济和社会层面上的关注度却远远低于主预算。这一现象部分归因于日本的政治文化，其中民众对政策制定的参与程度相对较低。此外，主流媒体对追加预算的报道也不如主预算广泛，导致公众对此类预算缺乏充分了解。虽然《东京新闻》对追加预算有一定报道，

---

① 防卫省的解释是，鉴于中国和朝鲜的军备增加，迫切需要加强西南群岛的防御和导弹反应能力。参见『防衛費補正予算膨張に歯止めかけね〉』，『東京新聞』2021年11月29日，https://www.tokyo-np.co.jp/article/221815〔2023-7-31〕。

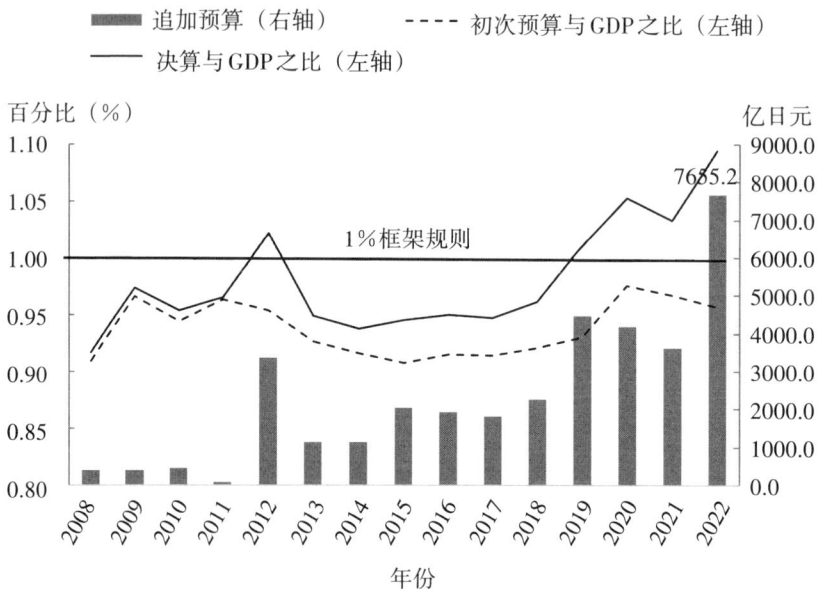

图 5-2　防卫支出初次预算与追加预算

资料来源：预算与决算相关数据来自于财务省，GDP 数据来自经济社会综合研究所，由笔者绘制。

但其影响力不及《读卖新闻》《每日新闻》《产经新闻》和《日本经济新闻》等主流媒体。

在政治层面，自由民主党在日本政坛的地位相对稳固，特别是在安倍晋三上台后。安倍领导下的自民党内部派系斗争减少，对外采取更强硬政策。这使得安倍政府在调整防卫预算方面更加灵活，通过追加预算来补充主预算的不足。虽然这种做法短期内看似乎满足了国家防卫需求，但长期来看，可能会对国家财政健康造成隐患。

从预算原则来看，通过追加预算来补充主预算的不足，虽在形式上符合 1% 的 GDP 限制，但实际上违背了预算的严谨性原则。预算应当是一个公开、透明并基于真实需求的决策过程，而非政府随意操控的"第二个钱包"。这种做法凸显了加强预算过程中的透明度和监管力度，以确保预算决策的合理性和财政的可持续性的必要性。

二、重启"潘多拉魔盒"

在 2017 年 1 月 21 日，唐纳德·特朗普就任美国总统后，美日关系进入新阶段。在特朗普政府的压力下，日本政府增加对美国武器采购，试图平衡贸易和军事的不平衡。这导致日本防卫预算（包括初次预算和追加预算）显著增加。同期，中美经济和地缘政治冲突加剧，进一步增加了日本的军事防卫需求。与此同时，安倍晋三结束了其作为日本历史上在任时间最长首相的职务。这标志着时代的变迁，并对日本政治外交方向产生影响。2020 年 9 月，前安倍政府官房长官菅义伟接任首相，尽管任期仅一年，但其政策为继任者岸田文雄奠定了基础。

岸田文雄就任后继续强调国防和安全的重要性。特别是在 2022 年 12 月 16 日，岸田政府发布了《国家安全保障战略》《国家防卫战略》和《防卫力整备计划》，合称"安保三文件"。这些文件不仅明确了日本国防的方向，还宣布了未来五年内将防卫预算上限的 GDP 比例提高至 2％的计划。根据此计划，2023—2027 年间，日本将投入约 43 万亿日元用于国防，是 2019—2022 年五年计划投入额的 1.7 倍。

在最近的五年防卫计划中，日本防卫省最初提出了一个高达 48 万亿日元的雄心勃勃的预算，显示了日本加强自身防卫能力的决心。然而，面对高债务、人口老龄化和经贸摩擦等经济挑战，财务省考虑到为了维持国家财政稳定，建议将预算降至 30 万亿日元。这两个预算之间存在 18 万亿日元的差距，这一差距凸显了国防和财政之间的矛盾。

为解决这一冲突，岸田首相介入，协调财务和防卫部门，最终确定了一个43万亿日元的五年防卫计划。①这一决策反映了日本作为东亚经济巨头，在经济和国防策略上陷入的困境。虽然日本在全球经济中依然占据重要地位，但其近期的财政状况对国防投资构成了限制。

目前，日本政府正在努力寻找方法，在不削减社会保障、医疗和教育等基本公共支出的情况下，确保未来五年中的43万亿日元防卫支出。2023—2027年的中期防卫力整备预算为25.9万亿日元，留下了约17万亿日元的资金缺口。围绕如何填补这一缺口，日本政界和学术界表现出对这一问题的关注和焦虑，提出了多种观点和建议。

日本前首相安倍晋三建议通过发行国债弥补国防资金缺口。②安倍晋三基于国家安全的至关重要性，认为国防投资不应因财政困难而受阻。然而，公明党代表山口那津男主张依靠税收而非过度依赖国债，以避免增加未来的财政风险③。同时，日本维新会认为持续的经济增长是稳定财政的关键，提出通过财政改革减少非必要支出，推动经济增长以增加税收。④

庆应义塾大学教授土居丈朗指出，通过发行国债支付国防费用

---

① 『岸田首相防衛費 5 年間で "総額約 43 兆円確保" で調整へ』，『NHK 新聞』2022年 12 月 5 日，https：//www3.nhk.or.jp/news/html/20221205/k10013913811000.html〔2023-7-31〕。

② 例如，据报道，前首相安倍晋三曾表示，可以通过政府债券来解决增发问题（增额は国債で対応していけばいい）。参见『安倍氏「防衛費増は国債で対応」日米首脳会談の首相発言巡り』，2022 年 5 月 23 日，https：//nordot.app/901438565624201216〔2023-7-31〕。

③ 『防衛予算増「安易に国債頼るべきでない」公明・山口代表 大幅増額論牽制も』，『朝日新聞』2022 年 6 月 29 日，https：//www.asahi.com/articles/ASQ6X5D19Q6XUT-FK00M.html〔2023-7-31〕。

④ 『防衛費増額、財源どこから？ 検討先送り、具体性乏しく…有権者の判断材料は不明瞭』，『東京新聞』2022 年 7 月 8 日，https：//www.tokyo-np.co.jp/article/188206〔2023-7-31〕。

可能带来短期投资回报，但长期则会增加国民经济压力。①这意味着国民需为短期决策承担长期经济代价。财务省作为资金供应主体，在会议中强调增加支出的前提是有稳定的财源保证，并警告以临时措施支付持续支出，可能破坏财政纪律和稳定。②

日本面临确保未来五年防卫支出的巨大挑战。各政党和学者提出了不同解决方案，体现了问题解决的复杂性和高难度。2023年2月3日，日本内阁会议通过法案寻找新防卫支出资金来源。法案规定，新的资金来源将分为两大部分：一是通过增税筹集四分之一的资金；二是通过改革支出、利用每年的决算结余和非税收入等方式，筹集剩下的四分之三的资金。

这项新法案的内容并非日本的首次尝试，在日本历史上有类似的先例。它与第四章中讨论的临时军事费特别预算体系有许多相似之处。在1894—1895年的甲午战争（日本称之为日清战争）期间，日本政府为支持战争进程，设立了一个规模为2亿日元的临时军事费特别账户。虽然这个特别账户一开始规模较小，但随着战争的持续，规模不断增大。这表明日本政府在面对特殊军事和安全需求时，采用特别财政措施有其历史依据。

三、筹集防卫资金的多元策略

为确保非税收入在多个财政年度内可用，日本政府决定创建"防卫力强化资金"。这部分资金的来源包括政府出售的资产和特别

---

① 土居丈朗：『日本の防衛費は「対 GDP 比 2%」へ倍増できるのか』，『東洋経済』2022年4月25日，https：//toyokeizai.net/articles/-/584243［2023-7-31］。

② 日本财务省：『防衛』（財政制度等審議会財政制度分科会歳出改革部会資料），2022年4月20日，https://www.mof.go.jp/about_mof/councils/fiscal_system_council/sub-of-fis-cal_system/proceedings_sk/material/zaiseisk20220420/03.pdf［2023-7-31］。

表5-2　17万亿日元资金缺口筹措计划

单位: 万亿日元

类别		金额
防卫力强化资金	外汇资金特别账户	3.1
	财政投融资	0.6
	新冠对策费	0.4
	出售大手町广场	0.4
	总计	4.6
决算剩余金（结转结余）		3.5
支出改革		3
建设国债		1.6
防卫增税（复兴所得税）		4.4
共计		17.1

资料来源: 根据自民党税制调查会相关资料绘制而成。

账户转入的资金，意味着资金不仅来自纳税人，还包括政府的其他收入。法案规定这些资金将专门用于防卫支出，存入"防卫力强化资金"的特别账户，供将来需要时使用。然而，特别账户独立于常规预算，可能导致预算审查机制难以有效监管，其情形类似19世纪末的临时军事费特别账户情况。

在制定"防卫力强化资金"法案初期，政府计划明确表示持续推进支出改革的决心，但自民党部分议员担忧这样的表述可能误导公众，让公众误认为政府计划削减其他社会福利预算以补充防卫支出。这种担忧在当前经济环境下确实也非毫无根据，政府预算面临巨大压力，但社会福利项目也亟须资金。任何可能导致预算削减的建议都可能引起公众的不满和担忧。因此，为避免误解和担忧，政府决定从法案中删除有关持续推进支出改革的条文。

表5-2展示了筹集17万亿日元资金缺口的方案细节。在总额为4.5万亿日元的"防卫力强化资金"中，有3.1万亿日元来自外汇资金特别账户（外为特会）。日本的预算分为三类：一般会计预算、特别会计预算和政府相关机构预算。一般会计预算类似于中国的一般公共预算，而特别会计预算类似于政府性基金预算。特别会计预算是专门为特定事务或资金运营设立的独立财政账户。外汇资金特别账户由财务省管理，主要负责外汇干预所需的外汇储备。

当政府进行日元汇率干预时，如卖日元买美元，会通过销售政府短期证券（Financing Bills，简称FB）筹集日元；反之，买日元卖美元，则通过出售美元。2022年9月至10月期间，日元大幅贬值，日本政府进行了超过9万亿日元的买日元干预。到2023年1月底，以美元债券为主的外汇储备达到1.2万亿美元（约165万亿日元）。

国民民主党党首玉木雄一郎在国会上对此提出质疑。他指出，由于日元贬值，特别外汇资金账户中的外汇兑换为日元后价值大增。他估算，当1美元兑116日元时（2022年初），这1.3万亿美元的资产总值约为151万亿日元，而到2022年10月1美元兑145日元时，资产总值增至188万亿日元，由此特别外汇资金账户的资产评估收益增加了37万亿日元。[①]

特别外汇资金账户的资产收益讨论并非新话题，在小泉纯一郎执政时期，该账户资产被视为"埋藏金"，甚至成为2008年的年度流行词之一。外汇资金特别账户作为特别会计，独立于一般会计预算。与追加预算和主预算不同，后者需要国会审议和决议，但外汇特别

---

① 『円安で為替差益が37兆円？ 野党が外為特会の「埋蔵金」に熱視線 それでも岸田首相が冷ややかな理由は…』，『東京新聞』2022年12月26日，https://www.tokyo-np.co.jp/article/210159〔2023-7-31〕。

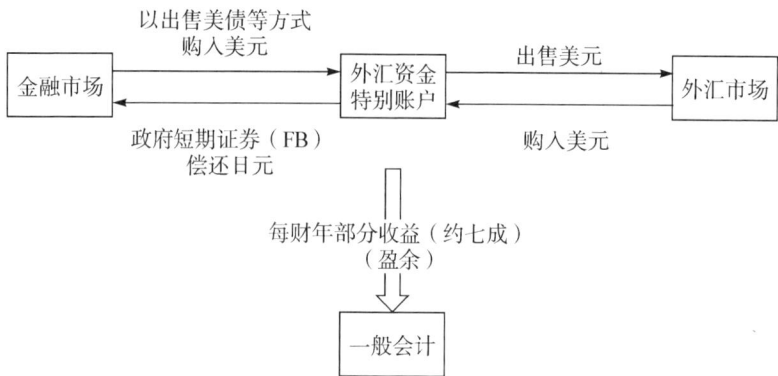

图 5-3 外汇资金特别账户的资金流向

说明：政府短期证券（Financing Bills，简称 FB）是政府发行的债券，期限通常较短，一般不超过一年。这类证券的主要目的是为政府提供短融资渠道，用于弥补财政预算在某一特定时期内的赤字。

资料来源：根据《东京新闻》2022 年 10 月 26 日报道绘制。

账户的资金使用主要受行政管制，不需接受国会审议。这种筹资方式的隐秘性，使其被称为"埋藏金"。现在，随着政府需要筹集防卫资金，这个账户再次成为关注焦点。

外汇资金特别账户（外为特会）的运作比玉木雄一郎所提及的更为复杂。这个账户的资金流向如图 5-3 所示，其剩余资金为美元，不能直接存入一般会计账户。政府需发行政府短期证券（FB）来筹集日元，类似于进行外汇干预的做法。因此，政府短期证券（FB）的余额从 1991 年的 15.4 万亿日元增加到 2021 年的 114.7 万亿日元，几乎增长了 6.4 倍。

日本政府要减少政府短期证券（FB）的积累余额，需出售美元资产换取日元，但这可能被视为汇率操纵，引发美国制裁，所以财务省不轻易出售美元资产。政府每次债务到期时，会发行新的政府短期证券（FB）来偿还，形成偿债借款循环。日本长期的零利率和负利率政策对政府短期证券（FB）的发行有帮助，自 2016 年以来，

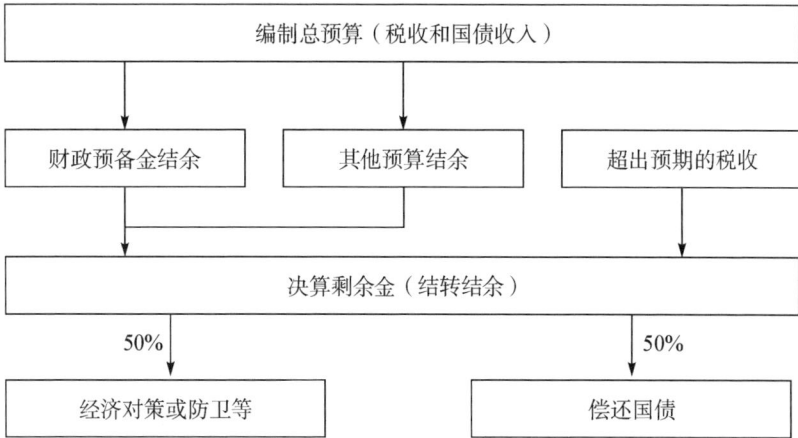

图 5-4　决算剩余金流向防卫支出的资金路径图

资料来源：根据《东京新闻》2023 年 5 月 9 日报道绘制。

转债时的利息支出为零。但随着俄乌冲突导致的大宗商品价格上涨，日本的货币宽松政策可能调整。日本银行若提高利率，政府短期证券（FB）的利息负担风险将增加。

在筹措 17 万亿日元资金缺口的方案中，另一个资金的主要来源是决算剩余金，即年度结余。年度结余指的是财年结束后剩余的资金，通常包括未使用的预算部分和超出预期的税收。这些剩余资金首先用于减少国家债务，即减少国债发行，然后在年度决算中被视为结余资金。根据法律，一般会计的年度结余至少一半用于债务偿还，近年来剩余部分常用于经济对策资金。从 2022 财年开始，这些剩余资金也被用于增加防卫开支。决算剩余金的资金流向如图 5-4 所示。

年度结余频繁出现意味着在编制预算时政府对未来一年财政收入和支出的估计不够准确。尽管财政官员专业水平很高，但完美预测未来本身是不可能的，因此一定量的年度结余不可避免。问题是，近年来，日本的年度结余波动一直较大，如表 5-3 所示，2015 年的结

表5–3　财政预备金预算

单位: 万亿日元

年份	初次预算	第一次追加预算	第二次追加预算	预备金总额
2012(3.11)	0.8	1.2	—	2
2020	0.5	1.5	10	12
2021	5	1.5	6.5	8.3
2022	5.5	1.52	4.74	11.76
2023	5	—	—	

资料来源：笔者据日本财务省数据绘制。2021年第1次追加预算6.5万亿日元，其中5万亿来自2021年度结转。

余仅为2500亿日元。但在2020年新冠肺炎疫情全球大流行期间，日本为应对疫情，在一年内通过了三次追加预算，年度预算总额高达175万亿日元。2020财年结束后，包括超出预期的税收5.7万亿日元、非税收入0.6万亿日元和未使用的款项3.9万亿日元，减去未发行的赤字国债4万亿日元后，当年度结余达到了4.5万亿日元。

筹资计划中的3.5万亿日元年度结余是基于过去业绩和有根据的预测计算得出的。岸田文雄首相强调了依据过去的表现和合理的预测来提供资金源的重要性。政府据此计算了2021财年前十年的年度结余平均值，得出"每年1.4万亿日元"的结论。在用其中的一半，即7000亿日元偿还债务后，计划将剩余的7000亿日元用于每年的防卫开支。这意味着，在五年计划期间，每年需从年度结余中提取7000亿日元以达到3.5万亿日元的筹资目标。

然而，2020年受疫情影响的财政状况是特殊的，如果将该年的年度结余收入纳入计算，就会增加整体的预估值。那么为满足这一资金需求，未来五年中每年就都需要实现约1.4万亿日元的年度结余目标。这样的预算编制方法显然与预算的严谨性原则相悖，因为它依赖于达成特殊情况下特定年度的结余收入目标来获取防卫资金。

为确保更多的年度结余，政府可能会采取设置更多财政预备金的策略。财政预备金是年度预算中的一项准备资金，用于应对不可预见的财政需求或未列明的项目。例如，用于处理自然灾害或其他紧急情况的费用。使用这些资金通常需要一定的行政审批，但这个过程相对于修改已通过的预算来说简单得多。

新冠肺炎疫情使得行政部门将预备金作为补充年度结余的理想选择，这有助于实现每年7000亿日元的防卫资金目标。但是，预备金的使用存在问题——它来源于国债。这意味着增加预备金需要进一步发行国债。这在系统设计上便产生了矛盾，因为部分预备金结余需要用于减少债务发行。此外，增加预备金不需要国会审议，可由行政部门直接操作，这就增加了资金使用的随意性。

在筹集资金缺口计划中，还提及通过增税筹集4.4万亿日元，但增税的实施方法尚未达成共识。在日本，增税讨论常引发政治危机，可能损害执政党的政权。历史上，每次提议增加消费税，执政党在随后选举中就会大概率败选。因此，自民党面临的挑战是如何在实现增税目标的同时，尽量减少对政权产生负面影响。

自民党内的税制调查会建议将复兴特别所得税的部分资金转用于防卫开支，并将征税期限延长20年。[1]2022年12月23日，内阁会议决定了2023年的税制改革大纲，包括通过法人税、所得税和烟草税的增税筹集更多防卫费用，预计从2024年或之后开始实施。然而，

---

[1] 复兴特别所得税是依据关于确保为实施日本东部大地震复兴措施所需财源的特别措施法而设置的税种。复兴特别所得税从2013—2037年的25年期中，在既有的所得税的基础上，对所得加增2.1%。

直到2027年，政府需每年实现1万亿日元的税收增长目标。①

首先，法人税的增加将通过"附加税"的方式实施，税率将从4%增至4.5%。这并非针对企业活动收入的税率，而是对应需纳税的"税额"的税率。在计算附加部分时，会考虑中小企业的缴税能力，将对"相当于2400万日元企业经营所得进行政税的税额"从法人税的"税额"中扣除。对于资本金1亿日元以下的中小企业，"相当于2400万日元企业经营所得进行征税的税额"约为500万日元。因此，将法人税的税额减去500万日元，然后乘以4%至4.5%，得出的数字将成为新的税负。

其次，在所得税方面，将原有的复兴特别所得税税率从2.1%降至1.1%，并同时引入一种新的附加税，税率设定为1%。由于复兴特别所得税是专项税收，其收入只能用于灾区复兴。因此，政府本次改动实际上是为了避免被指控挪用复兴特别所得税的税收，于是将原有的税制分为两部分，另设一种专项税用于满足防卫支出的需要。虽然这种做法在表面上看起来实现了收支平衡，但由于税收期限延长了20年，实际上增加了民众的税负。

最后，烟草税也被列为增税的目标，预计将逐步提高到每支烟3日元。作为特殊消费税的对象，烟草长久以来一直是日本政客寻求税源的重要目标。由于烟草税主要影响的是吸烟群体，因此增税可能引起的政治压力较小。但是，是否通过增税来增加国防开支，这本是一个需要全民认真讨论的问题，为了避免负面影响而将其转嫁给某一特殊群体，显然，作为执政党的自民党仍将政治考量置于公众信任之上。

---

① 日本财务省：『税制改正概要』，https：//www.mof.go.jp/tax_policy/tax_reform/outline/index.html［2023-7-31］。

四、寅吃卯粮

一个国家的国防力量和国防执行能力在很大程度上依赖于国家的经济实力。如图5-5所示，2010年中国的国内生产总值（GDP）超过了日本，标志着两国经济力量的重大转变。到了2022年，中国的GDP规模已经突破了17万亿美元，而日本的GDP则只有约4.2万亿美元，不到中国的四分之一，甚至低于2010年同期的水平。

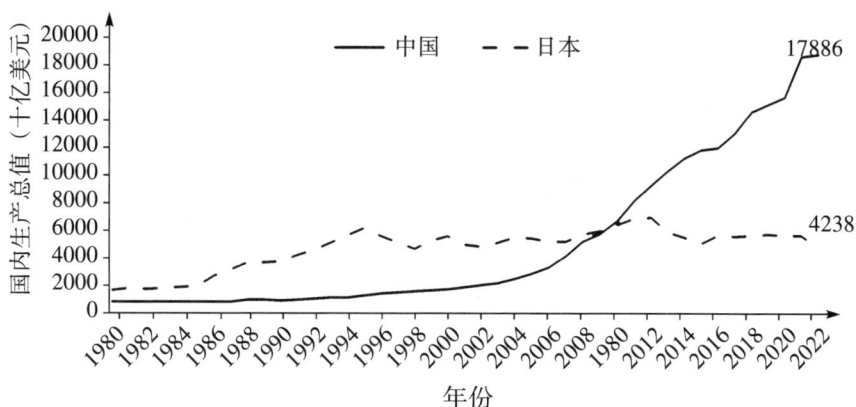

图5-5　1980—2022年中日经济规模

资料来源：根据IMF数据库数据绘制。

国防经费的确立和增长直接受到国家经济实力的影响。自1991年经济泡沫崩溃以来，日本的财政实力经历了长期的停滞，与此同时，政府的债务水平不断上升。这种高债务、高支出的财政状况限制了日本增加国防预算的能力。在这样的背景下，创建"防卫力强化资金"特别账户，成为日本政府在面对经济困境时的一种无奈的政治决定。

日本政府面临的挑战是如何在有限的财政空间内平衡国防需求和其他重要的社会经济需求。随着经济增长的放缓和人口老龄化问题的加剧，政府在社会福利、公共服务和基础设施等方面的开支压力不断增加。这使得政府在增加国防开支方面的空间受到极大的限制。

当前日本政府面临的财政困境在很大程度上应归因于其巨额的国家债务。2023年，日本政府的预算支出高达114万亿日元，其中用于偿还国债本金和利息的国债费达到了25.3万亿日元，占总支出的22.1%，仅次于社会保障支出（36.9万亿日元，占32.3%），成为政府预算中的第二大开支项目。这种国债费用的刚性增长不仅导致了财政的僵化，还对财政的可持续发展构成了极大的挑战。

由此，日本政府目前面临的一个主要问题是，其高债务水平意味着必须支付大量的利息费用。虽然日本银行在近年来一直维持低利率，甚至负利率政策，从而帮助政府减轻了偿还利息的压力，但随着全球经济的波动，尤其是新冠肺炎疫情和地缘政治动荡的影响，通货膨胀的压力开始增加，日本银行是否还能继续维持低利率政策已经受到质疑。如果日本银行不得不提高政策利率，政府的利息负担将会进一步增加，进而挤压用于其他政府开支的资金。

在这种背景下，日本政府想要通过正常财政途径显著增加国防预算将面临巨大挑战。随着国债费用的增长和财政的僵化，政府的支出灵活性受限，这使得在保持现有社会福利和公共服务水平的同时扩大国防开支变得更加困难。此外，全球经济的不确定性以及国内外经济政策的变化都可能对日本政府的财政状况产生深远影响。

第四章中详细讨论了第二次世界大战前日本的财政和经济基础的脆弱性。根据《昭和财政史 第四卷——临时军事费》（大藏省昭和财政史编辑室编），自中日甲午战争以来，日本历次战争的军费中，国债和借款所占的比例极高：中日甲午战争时为51%，日俄战争时高达82%，第一次世界大战时为61%，而到了太平洋战争时，这一比例更是上升到了86.4%。这表明，从中日甲午战争到二战战败的近半个世纪里，日本的财政几乎每年都承担着战争及战后处理的重大支出，直接军事费用占到国家一般会计和临时军事费净额的30%—90%。

板谷敏彦在其著作《日俄战争，资金筹措之战：高桥是清与欧美银行家们》（新潮选书）①中指出，日俄战争的胜利不仅依赖于陆战和海战，高桥是清在伦敦和纽约为军费筹措（通过发行日本国债）所扮演的角色同样至关重要。虽然日俄战争期间成功从海外筹集到了资金，但这种成功显然并非总是能够得到保证。因此，平时加强财政基础更显得尤为重要。

日本国债的国内消化能力有限，一旦国内筹资变得困难，就必须像日俄战争时那样从海外筹集资金。然而，像现代日本这样负债累累的国家，在紧急情况下试图发行国债，便可能面临投资者提出高利率的要求。此外，通过财政融资来筹措军费是另一种方式，但这可能导致日元贬值和通货膨胀的加速。而通货膨胀的加速会影响国民生活水平。同时，为了购买战争所需的物资，如石油等，维持日元汇率稳定同样至关重要。这些历史经验表明，战争时期的财政策略和平时的经济管理是相辅相成的。一个国家在和平时期的财政健康状况，直接影响到它在战时的财政应对能力。政府需要在国防开支和其他社会经济需求之间找到合适的平衡，以确保长期的财政可持续性和国家安全。

根据图5-6，在147个可比较国家中，日本在防卫预算规模和国债发行余力方面处于一个极为特殊的位置。日本的国防费用占GDP

---

① 板谷敏彦：『日露戦争、資金調達の戦い：高橋是清と欧米バンカーたち』，新潮選書，2012。

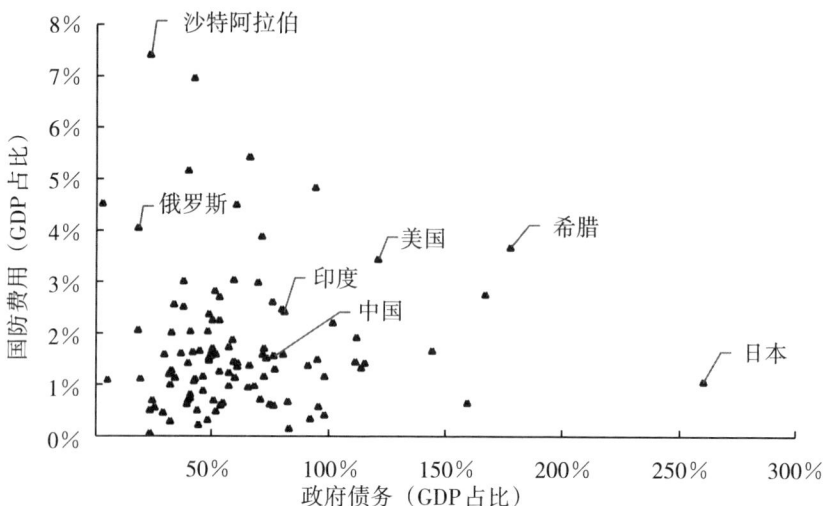

图 5-6　2022 年七国国防费用（GDP 占比）与政府债务（GDP 占比）比较

说明：由于 2022 年发生的俄乌冲突，乌克兰的国防费用占 GDP 的比例急剧上升至 33.6%，这一显著增长对数据的整体可观测性产生了影响。因此，本图中剔除了乌克兰的数据点值。经过对两个数据库中数据的整理，最终包含的可观测国家总数为 147 个。

资料来源：笔者根据斯德哥尔摩国际和平研究所（SIPRI, Stockholm International Peace Research Institute）发表的国防费数据和 IMF 发表的政府债务数据绘制。

的比例远低于大多数国家，但其政府债务占 GDP 的比例高达 260%，这显示出日本在紧急情况下发行国债的余力之弱。在全球地缘政治迅速变化，特别是中美等大国竞争加剧的背景下，日本国内要求提高国防预算的呼声日益高涨。2022 年 10 月，NHK 的民意调查显示，55% 的受访者支持增加防卫预算，远高于 29% 的反对者。[①]

此背景下，日本政府虽然加大了国防投入，但面临的挑战仍然

① 『防衛費の増額 「賛成」が 55% NHK 世論調査』，『NHK 新聞』2022 年 10 月 12 日，https://www3.nhk.or.jp/news/html/20221012/k10013854901000.html［2023-7-31］。

巨大。人口老龄化和社会福利支出的持续增长，尤其是养老金和医疗保健的支出，对政府预算构成了巨大压力。尽管政府已经创建了"防卫力强化资金"的特别账户来保障国防投入，但在经济增长停滞和缺乏经济红利的条件下，显著扩大国防开支仍是一个极具挑战的政策选择。

但是，更重要的是，这种政策选择，标志着日本民众对于国家一直以来坚持的和平主义路线的认同，发生了重大转变。日本自第二次世界大战后长期奉行的和平主义政策，在近年来国际形势的变化下，正逐渐受到重新审视。民众对于国防的关注增加，反映了民众对传统和平主义路线的重新评估，以及对国家安全和自身安全感的重新定位。

政府与民众的这种转变，不仅涉及财政和国防预算的实际问题，更是对日本作为和平国家这一身份的根本反思。随着安全环境的变化，日本社会正面临着如何在和平主义传统与现实安全需求之间找到新的平衡点的挑战。这要求政府在提升国防能力的同时，也必须保持对和平主义价值观的尊重和维护，确保任何国防政策的调整都在和平主义框架内进行，才能保持日本长期以来的国际形象和国内社会的稳定。

第六章

经济制裁、技术封锁与国家财政

比战争更可怕的经济制裁

战争是人类历史上一个不断重复的主题。从早期文明到近现代史，尽管世界和平一直是人们强烈追求的理想，但战争似乎始终是人类文明的重要部分。每一次大规模战争的结束，都会激发人们对和平的渴望。梦想家们致力于构建一个没有战争的世界，而悲观的人则认为战争是一个永恒的循环，是人类无法逃避的宿命。这种观点之间的拉锯战，在第一次世界大战结束后，达到了顶点。

一、无形的战场

1919年，受到惨烈的第一次世界大战影响，世界各国试图通过创建国际联盟来防止未来的冲突，寄希望于这个新的国际组织能够通过谈判和集体安全机制来维护世界和平。然而，到了1930年代，随着全球政治经济秩序的崩溃、第二次世界大战的爆发，创建国际联盟的这一尝试显得更像是一场乌托邦式的幻想。人们普遍认为，和平条约和国际联盟均存在致命缺陷，未能有效防止战争的再次爆发。

国际联盟失败的根本原因之一，就在于缺乏强制力量来平息那些扰乱世界秩序的国家。而联盟的创始人，尤其是美国总统伍德罗·威尔逊，却有一个不同的愿景。他相信联盟不需要传统的军事力量作为强制力量，而是可以通过经济制裁这种新颖且强大的手段来实现强制平息的效果。

威尔逊认为经济制裁的力量在于其无声的压迫——断绝一个国家的贸易和经济资源。就像窒息会让个人屈服一样，经济孤立也将迫使国家回归理性。他说："经济制裁是一种和平而致命的武器。它可以让武力变得多余。"这种武器并不需要牺牲生命，却可以对敌对国家施加巨大的压力。[1]在国际联盟的最初十年中，这种经济武器——或者用联盟总部所在地日内瓦的官方语言法语所称的"Arme économique"——被频繁提及。它是对概念和实践的双重指代，旨在通过经济手段维护和平，而不是武力。

经济制裁是可以影响或改变国家行为的历史悠久的工具。在现代国际关系中，经济制裁被广泛应用，但其使用实际上可追溯至古希腊时期。其中最著名的一个例子，是伯里克利于公元前432年颁布的《麦加拉法令》（*the Megarian Decree*）。这项法令被认为是对三名阿斯帕西亚女性被绑架事件的回应。该事件始末表现了古希腊城邦之间的紧张关系如何逐步升级为全面的冲突。

修昔底德在其经典著作《伯罗奔尼撒战争史》中简要提及了《麦加拉法令》，但并未详细讨论其对于伯罗奔尼撒战争爆发的影响。

---

[1] Nicholas Mulder, *The Economic Weapon: The Rise of Sanctions as a Tool of Modern War*, Yale University Press, 2022.

相反，阿里斯托芬在他的喜剧《阿卡奈人》中以戏剧化的笔触，对《麦加拉法令》在战争中扮演的角色给予了更多关注。特别是在《阿卡奈人》第530—543行中，阿里斯托芬通过幽默与讽刺的方式反映了这一法令如何成为战争爆发的催化剂。

伯里克利的《麦加拉法令》实际上切断了与墨伽拉相关的所有商业和外交往来，这可以被视为一种早期的全面经济封锁。当时，伯里克利和雅典想要对斯巴达及其盟友施压，希望通过剥夺他们的经济利益来迫使对方做出让步。然而，这项措施并未产生预期的和解效果，反而激化了双方的对立，最终导致了长达27年的伯罗奔尼撒战争。

尽管伍德罗·威尔逊提出了具有前瞻性的经济制裁理念，希望通过非军事手段维护国际和平，但这一理念在现实操作中遭遇了重大挑战。国际联盟在实施经济制裁上所遭遇的困难，揭示了一个道理，即在缺乏统一行动和集体意志时，即便是精心设计的国际机制也可能效用有限。

国际联盟面临的主要障碍包括成员国之间的分歧，各个国家对制裁可能引起的经济后果的担忧，以及在时局迫切需要时缺乏迅速决策和行动的能力。因此，在面临紧急情况时，经济制裁未能充分发挥作为遏制侵略的工具的潜能。

经济制裁的进化反映了国际社会解决冲突方式的演变。从国际联盟时期开始，制裁已经从战争时期的经济封锁演变成为和平时期压迫对方行动的策略，这反映了国际关系中的自由主义思潮——认为通过合作、遵循法治和借助多边机构，可以和平解决国际争端。

经济制裁的概念在国际联盟宪章中得到了正式确立，创设了一种集体安全机制，目的是通过成员国的经济联合行动对潜在的侵略国施加压力，从而保障国际和平与安全。这一新兴的国际合作形式获得了包括英国、法国和美国等民主国家的广泛支持，并在一定程度上也得到了包括魏玛德国和意大利在内的非民主国家的认同。

然而，这一制度在实际应用中很快暴露出诸多缺点和局限。制裁的实施并没有达到预期的效果，特别是在 1930 年代，随着国际紧张局势的加剧，国际联盟的经济制裁机制未能有效阻止侵略行为的蔓延。这种局限性与公元前 432 年伯里克利所颁布的《麦加拉法令》相似，后者未能阻止冲突，反而引发了持续 27 年的伯罗奔尼撒战争。

战后的经济制裁被更多地应用于新兴的全球政治经济治理框架中。它不仅在冷战结束后成为影响国家行为的重要手段，更在 21 世纪的国际政治中扮演关键角色。现代的制裁旨在通过剥夺目标国的经济和财政资源来实现政策目标，同时尽量减少军事冲突。这种手段既反映了冲突解决的新模式，也带来了新的道德和法律问题，尤其是关于其对普通公民生活的影响。

制裁的实施有时会导致广泛的人道主义危机，这一点在两次世界大战之间和现代都有体现。它的设计者，如威尔逊，认为经济制裁是一种文明国家对抗野蛮行为的和平手段，但在现实操作中，这种手段经常受到批评，因为其对平民生活造成了影响。从两次世界大战到现代，许多人开始意识到，尽管制裁是一种避免传统战争的手段，但它自身可能造成的痛苦也不应被忽视。

在 20 世纪初，经济制裁被引入作为一种全新的国际政策工具，用以影响国与国之间的动态。威廉·阿诺德-福斯特这位制定封锁计划的负责人兼热心的国际主义者，其言论反映了当时制裁政策背后的残酷现实和战略思想。他提到，经济制裁的目标是打击敌国的民心与经济，即使造成的后果是人道主义灾难，如影响婴儿的出生和存活。这位国际主义者如此直白而坦诚的言论，反映了他们认为通过对敌人的恐慌与压迫能迫使修正主义国家停止反抗作为当时国际政治经济秩序的凡尔赛体系的想法。①

在两次世界大战之间，国际主义者认为经济制裁能作为一种预防性的力量来维持和平，相信恐惧本身就是一个有效的遏制工具。他们的这种看法，预示了冷战时期的核战略的产生条件。虽然经济制裁的影响不如核武器那般迅速和具有毁灭性，但它提出了一个同样可怕的前景：被制裁的国家可能面临社会崩溃和物质孤立，社会结构和民众健康将长期受到影响。

经济制裁不同于传统战争中的空袭和毒气攻击，其破坏性不易被直接看到或评估。像阿诺德-福斯特所担心的那样，由于经济制裁远离战场而且看似文明，更容易被那些在安全的办公室里的政策制定者所接受。它们往往被视为较为清洁的战争手段，使得执行者可能对自己行为的长期后果视而不见。

美国的一位评论家将经济制裁形容为"无形的战场"，但它的影响却是实实在在的。经济制裁所挑战的，是如何将政策行为转化为人类经验，并对这些政策的道德性质和实际后果进行全面考量。因此，尽管经济制裁可能被看作是政策制定者在办公桌前的简单决定，它的实际效果却涉及了广泛的道德和社会经济问题。这些问题在当今国际政治中依然具有深远的意义。

二、经济制裁的成与败

在第二次世界大战结束后，全球政治格局经历了巨大的变化。随着冷战的开始，国家间的争端往往围绕着意识形态的对抗展开，

---

① Mary Elisabeth Cox, "Hunger Games: Or How the Allied Blockade in the First World War Deprived German Children of Nutrition, and Allied Food Aid Subsequently Save Them," *Economic History Review*, Vol.68, No.2, 2015, pp.600-631.

经济制裁成为外交政策中的一个常用工具。尽管其主要目的往往是通过外交渠道达成解决争端的目标，但国家在特定情况下仍然会利用经济制裁来强迫对方撤军、放弃领土野心或停止其他军事扩张行为。

在第二次世界大战结束后，相对于直接的军事冲突，经济制裁作为一种较为间接的压力手段被广泛采用。制裁的目的是通过削弱目标国家的经济力量来影响其政治决策，进而改变其外交或军事政策。这种策略在某种程度上减少了国际冲突直接升级为武装对抗的可能性，被认为是冷战期间遏制对手而不引发全面战争的一种手段。

美国作为第二次世界大战后新兴的超级大国，在执行国际制裁方面扮演了极为重要的角色。在多次国际危机中，美国利用其经济和政治影响力来实施制裁。美国智库彼得森国际经济研究所（PIIE）在其2008年发布的《经济制裁再思考》（*Econmic Sanctions Recons-dered*）中详细分析了自1914年第一次世界大战以来的204个经济制裁案例。对这些案例的分析表明，虽然制裁在某些情况下能够达到预期的政策改变效果，但其成功率并不高。根据PIIE的评分系统，只有34%的案例被评为"成功"。

彼得森国际经济研究所的分析报告揭示了第二次世界大战后制裁政策的成败与动态。1956年，美国成功使用经济压力迫使法国和英国撤出苏伊士运河区域。1960年代初，美国再次通过扣留援助，影响埃及对于也门和刚果的支持。这些都被视为制裁政策的成功案例。这些情况体现了美国在第二次世界大战后的国际舞台上使用经济手段作为影响全球政策重要工具的历程。

然而，并非所有制裁尝试都能够取得成功。例如，1974年土耳其入侵塞浦路斯，尽管美国施加了经济压力，但土耳其军队仍长期驻扎在那里。美国对苏联的谷物禁运以及对1980年莫斯科奥运会的抵制，也并未阻止苏联在阿富汗的军事行动。这些案例说明制裁并非万能，其影响力受到多种因素的限制，如国际合作的广泛性和深度以及被制裁国的抵抗能力等。

制裁政策的另一个方面是针对国家安全的出口控制。冷战时期，巴黎统筹委员会（COCOM）[①]和对华出口管制委员会（CHINCOM）[②]等机构旨在通过限制对苏联和中国的战略物资出口来遏制其军事能力的提升。出口控制不仅针对军事装备，还包括那些可能用于军事和民用的双用途技术。这些措施的目的在于限制对方国家的经济和科技发展，从而减缓其军事扩张的步伐，并影响其外交政策的选择。

自1970年代起，经济制裁越来越多地被用作阻止国家发展大规模杀伤性武器，尤其是在核武器开发方面。在20世纪七八十年代，美国和加拿大通过对其他国家施加制裁，确保他们遵守《不扩散核武器条约》。例如，1974年，加拿大阻止了巴基斯坦获得核燃料再处理技术。美国亦参与施压，合作阻止韩国购买核燃料再处理厂。

此外，美国对南非、巴西、阿根廷、印度和巴基斯坦在核燃料和技术的出口上实行制裁，以防止他们获取可能用于制造核武器的

---

① COCOM为战略物资及技术对社会主义阵营实施出口控制的西方国家协调委员会的缩写。该委员会于1950年正式成立。除了冰岛以外的北大西洋公约组织（NATO）成员国、日本和澳大利亚都参加了这个委员会，总部设在巴黎。在冷战时期，该委员会负责执行对社会主义国家的经济封锁政策。在严格的出口控制要求方面，美国和反对这些控制的西欧国家之间经常发生冲突。随着冷战结束和苏联阵营的崩溃，该委员会于1994年解散。1996年，作为新的国际出口控制机构的瓦森纳协定成立。

② COCOM是在冷战期间成立的国际组织，旨在阻止对苏联及其盟友的战略物资和技术出口。在COCOM的架构下，1952年成立了一个专门的下属机构，这个机构专责实施对中国的战略物资和技术的出口管制，这个委员会通常被简称为CHINCOM。与对欧洲社会主义国家的出口管制相比，对中国的出口管制（即"中国差别"政策）更为严格。然而，在1957年，由于英国的反对，这种针对中国的严格管制被撤销，随后其他国家也跟进撤销了类似的管制措施。从那时起，美国独自继续对中国实施出口控制，而CHINCOM实际上解体了。尽管如此，CHINCOM作为组织一直存在到1971年。

技术。这些措施在韩国取得了显著成功，但在防止南非、巴西和阿根廷成为核国家方面的成效有限，在印度和巴基斯坦的案例中则彻底失败了。当印度和巴基斯坦在1998年进行核试验后，基于1977年的《格伦修正案》（*The 1977 Glenn Amendment*）修改的美国武器出口控制法案，美国禁止了与这两个国家的某些商业往来和外国援助。虽然面临美国的制裁，这些措施未能阻止印度和巴基斯坦成为核国家，也无法停止伊朗和朝鲜的核武器计划。

此外，经济制裁还会被用来追求一系列与战争和国家安全无关的外交政策目标。美国会使用制裁来改变一个目标国家的政权。这种经济制裁导致1961年多米尼加共和国的拉斐尔·特鲁希略、1964年巴西总统若昂·古拉尔特和1973年智利总统萨尔瓦多·阿连德的倒台。但又有卡斯特罗领导的古巴并没有屈服于40多年的美国施加的经济压力。2023年11月2日第78届联合国大会，古巴提交《终止美国对古巴的经济、商业和金融封锁》决议草案，联合国193个会员国中有190个参与投票，其中187个会员国投票赞成，而只有美国和以色列反对，乌克兰则投了弃权票。美国对古巴的经济制裁仍然在继续，但这并没有让古巴屈服，反而通过这种国际级别的名义投票凸显了美国的霸权主义。

在冷战的晚期阶段，政权更迭成为一个常见的议题，尤其是自1990年代开始，几乎半数的经济制裁与政权更迭有关。尽管在1970年代和1980年代，美国主导的政权更迭主要集中在拉丁美洲国家，但到了1990年代，新的制裁行动更多地聚焦于非洲国家。

自1960年代起，除了用于达成宏观的外交政策目标，如战争、和平构建及政权更迭之外，经济制裁也开始被用作实现更细微的外交政策目标。举例来说，它们被应用于解决财产征用争端、打击毒品贩子，以及对抗国际恐怖主义。特别是在第二次世界大战后，美国多次采取制裁措施，以解决外国政府征用美国企业及个人财产的赔偿问题。1980年代，随着可卡因滥用问题的加剧，美国国会开始实施一个认证过程，其目的是促使其他国家与美国合作，共同打击毒品问题。在这一方面，美国是唯一明确使用经济制裁作为惩罚手段，制裁与毒品生产和贩运相关的国家的政府。在反恐怖主义方面，特别是在2001年9月11日对世界贸易中心和五角大楼的恐怖袭击之后，经济制裁成为美国对外的关键政策工具之一。

彼得森国际经济研究所的分析报告提供了关于经济制裁作为美国外交政策工具的重要视角。从第一次世界大战后到2000年，经济制裁已经成为国际关系中一种越来越常见的手段。该报告通过对174个案例的深入分析揭示了一些显著的趋势。在这些案例中，美国要么单独行动，要么与其盟友一起，共实施了109次经济制裁，占所有记录案例的63%左右。这一比例凸显了美国如何利用其经济力量来影响国际政治。美国政府采用制裁的情况远远超过了其他任何国家或国际组织，例如联合国在同一时期内仅发起了20次经济制裁，占比约为11.5%。

经济制裁的使用频率在第二次世界大战后显著上升，这反映了全球政治结构的变化以及美国在这种结构中作用的增强。根据PIIE的数据，在1945年以前的每个五年周期中，新的制裁案例少于5起。然而，到了1960年后，每五年的新案例数量升至大约10—15起。特别是在1990年代初，随着冷战的结束和新国际秩序的确立，新案例数量飙升至34起，尤其是在1991—1995年期间。然而，到了1990年代后半期，情况有所缓和，新案例数量回落到之前的水平，1996—2000年间有13起新的经济制裁案例。

这种频率的增加也体现了经济制裁在美国外交政策中地位的上升。自从伍德罗·威尔逊在总统任期内提出以经济手段作为非军事的干预策略以来，经济制裁已经演变成一种国家间主要的影响力工具。美国政府已经在多种情境下使用制裁来响应国际争端，比如打击恐怖主义、阻止核扩散、支持人权和民主，以及为了实现更广泛的外交政策目标。

美国在全球舞台上地位的上升和其经济实力的扩张让制裁成为一种有效的手段，尤其是在全球化程度加深的背景下。经济制裁已经成为美国外交政策中不可或缺的组成部分，而美国在全球经济中占据主导地位，赋予了其施加制裁的强大能力。通过限制或完全禁止与某国的贸易和金融活动，美国能够在不动用军事手段的情况下施加重大影响。然而，这些制裁的效果和道德正当性仍然是国际法和外交政策辩论的热点话题。尽管经济制裁被频繁使用，但其成效仍旧存在争议。有时，这些措施对目标国家产生了预期外的负面影响，例如人道主义危机，同时也可能对发起国的公司和经济造成伤害。此外，长期而广泛的制裁有时会导致目标国家的民众团结起来反对制裁国。

三、经济制裁的有限性与潜在风险

经济制裁尽管已被广泛应用于国际关系中，但历史经验反复表明，它作为一种强制手段存在明显的局限性，有时甚至可能引发更严重的冲突。从古希腊时期的《麦加拉法令》到现代的国际制裁体系，这种局限性始终存在，并在当代国际关系中表现得尤为突出。随着全球经济的日益互联，经济制裁的复杂性和潜在风险也随之增加。

第一，经济制裁往往存在目标与结果的背离。正如威尔逊所期望的，经济制裁本应是"一种和平而致命的武器"，通过经济压力迫使对方让步，避免军事冲突。然而，历史反复证明，这些措施常常加剧了紧张局势，最终导致了全面战争。《麦加拉法令》引发的伯罗奔尼撒战争就是一个典型的例子。在现代，我们也能看到类似的模式，比如1935年，国际联盟对意大利的制裁不仅未能阻止其侵略埃塞俄比亚，反而推动了意大利向纳粹德国靠拢，间接推进了第二次世界大战的爆发。

第二，决策者常常高估经济制裁的效果，低估被制裁方的承受能力和反制措施。这种高估部分源于对经济压力效果的过度乐观，也反映了对被制裁国内部动态的误判。彼得森国际经济研究所的研究显示，在204个经济制裁案例中，只有34%被评为"成功"，这一数据直接反映了经济制裁的局限性。美国对古巴长达半个多世纪的制裁并未达到预期的政权更迭目标，就是一个典型的例证。同样，对伊朗和朝鲜的长期制裁虽然给该国经济带来了巨大压力，但并未能彻底改变其核政策，反而在某种程度上强化了该国的自力更生意识。

第三，全面的经济制裁可能造成严重的人道主义灾难，这一点在实施制裁时常常被忽视或低估。正如英国封锁计划的负责人威廉·阿诺德-福斯特所承认的，制裁可能影响婴儿的出生和存活。1990年代对伊拉克的制裁就导致了严重的人道主义危机。联合国儿童基金会估计，由于制裁导致的医疗和食品短缺，可能导致了50万儿童的死亡。这种对平民的伤害不仅违背了制裁的初衷，还可能激发被制裁国的民族主义情绪，反而强化其抵抗意志。在某些情况下，制裁甚至可能加强被制裁政权的统治，因为它们可以将经济困难归咎于外部压力，转移国内矛盾。

第四，经济制裁可能意外地刺激被制裁国的技术创新和产业升级。面对外部压力，被制裁国往往会加大对关键技术的投资和创新，以减少对外部世界的依赖。正如文中所述，美国在冷战期间对苏联的制裁，在某些领域反而刺激了苏联的技术进步。这种"企业家国家"的行为，正如玛丽安娜·玛祖卡托所描述的，可能会在面对极端不确定性时采取行动，动员资源以推动集体行动和技术创新。近年来，我们也看到类似的情况发生在其他被制裁国家，如伊朗在面对制裁压力时，加大了对本土工业和技术的投资，在某些领域取得了显著进展。

第五，经济制裁面临的一个重要挑战是非理性决策的风险。无论是军事行动还是经济行动，其实常常基于决策者的直觉或不完全信息下的判断。这意味着面对制裁，国家的反应可能不会遵循理性经济学的预期，而是受到更复杂的因素影响，如民族自尊、领导人个性、国内政治压力等，这增加了局势升级的风险。

2022年，对俄罗斯实施的制裁是近代历史上规模最大、范围最广的经济制裁之一，它充分展示了经济制裁的复杂性和局限性，同时也反映了"国家安全"概念在当代国际关系中的演变。在俄罗斯与乌克兰冲突爆发后，以美国为首的西方国家迅速采取了一系列严厉的制裁措施，涉及金融、能源、技术等多个领域。这些措施不仅体现了经济制裁作为外交工具的演进，也凸显了地缘政治在塑造国际经济关系中的重要作用。

具体而言，西方国家冻结了俄罗斯中央银行约一半的外汇储备（约3000亿美元），并将俄罗斯的主要银行排除在SWIFT国际支付系统之外。这种金融制裁的手段，与文中提到的国际联盟时期相比，显示了经济制裁手段的现代化和精准化。同时，欧盟、美国和其他国家宣布逐步减少或禁止进口俄罗斯的石油和天然气，直接打击了俄罗斯的支柱产业。这种能源制裁反映了经济制裁与国家安全之间的紧密联系，呼应了文中提到的"安全保障国家"概念。

此外，西方国家还对俄罗斯实施了技术封锁，限制向其出口高科技产品，特别是半导体和其他关键电子元件。这一举措不仅影响了俄罗斯的民用工业，也对其军事工业造成了重大影响。这种做法与文中讨论的技术创新和国家安全的关系密切相关，反映了技术在现代地缘政治竞争中的核心地位。

这些制裁确实对俄罗斯经济造成了严重打击。根据国际货币基金组织的数据，2022年俄罗斯GDP萎缩了2.1%。卢布汇率在制裁初期大幅贬值，通货膨胀率一度飙升到近20%。许多西方企业撤出俄罗斯市场，导致国内就业机会减少和供应链中断。这些影响与文中讨论的经济制裁的预期效果相符。

然而，这些制裁并未能迅速改变俄罗斯在乌克兰问题上的立场，反而在某种程度上强化了俄罗斯与西方对抗的决心。俄罗斯案例凸显了经济制裁的多重局限性：首先，俄罗斯展现出的经济韧性超出预期。俄罗斯通过灵活的政策和寻找新的贸易伙伴来缓解制裁影响，这与"企业家国家"的概念相呼应。其次，制裁反而激发了俄罗斯的民族主义情绪，强化了国内团结，与制裁可能产生的反效果相符。再次，全球经济的相互依存使得完全隔离俄罗斯经济变得困难，特别是在能源领域。此外，技术封锁刺激了俄罗斯加大对本土技术的投入，这可以印证文中讨论的技术创新与国家安全的密切关系。最后，非西方国家未参与制裁，为俄罗斯提供了替代选择，反映了当代国际关系的多极化特征。这些因素共同作用，使得经济制裁虽然对俄罗斯经济造成了严重影响，但在改变其政治立场方面的效果却远未达到预期。

在当前复杂的国际环境中，经济制裁仍然是一个常用的外交工具。然而，考虑到其局限性和潜在风险，决策者需要更加谨慎地评估制裁的效果，保持外交沟通渠道，关注制裁的精准性，构建多边合作机制，并制定明确的退出策略。同时，也应该重视替代方案，如外交谈判和国际调解等。特别是在处理复杂的地缘政治问题时，单纯依赖经济制裁可能无法解决根本问题，反而会加剧矛盾。

从长远来看，加强国际法治和完善全球治理机制，可能比频繁使用经济制裁更有利于维护国际秩序。正如"国家安全"的概念所揭示的，国家间的竞争和合作是一个复杂的过程，需要多方面的考量和平衡。在追求国家利益的同时，也要考虑对全球和平与稳定的影响，寻求合作、对话和互利共赢的解决方案，这可能比单纯依赖强制性措施更有利于长期的和平与发展。未来的国际关系可能需要更多的创新性思维，可以将经济制裁作为更广泛的外交策略中的一个组成部分，而不是将其视为解决国际争端的主要手段。

技术战线：中美对立下的
经济制裁与技术封锁

一、中国的"韬光养晦"策略

1978年，《中美建交公报》的发布标志着中国与西方世界关系的重要转折。当时，中国正处在经济改革的初期阶段，是一个以农业为主、工业化程度较低的国家。世界银行的数据显示，1978年中国的人均GDP仅有156美元，这个数字凸显了当时中国经济的落后状态。在全球范围内，中国的经济规模虽然位居第九，但总量为2119亿美元，仅相当于当时世界经济巨头美国的9%。对比之下，撒哈拉以南非洲国家，尽管经常被视为全球最贫穷地区，其人均GDP在1978年却已达490美元，远超中国。这样的经济对比揭示了中国当时的国际地位和经济实力。

然而，自1978年以来，中国经济经历了惊人的转型。改革开放政策的实施促使中国经济市场化、工业化迅速发展，尤其是在制造业、出口和技术方面取得了显著进步。随着大量外国直接投资的流入，以及对外贸易的急剧增加，中国逐渐成为"世界工厂"，大量的制造业产品输出到国际市场。

进入21世纪，中国的GDP增速连续多年保持在高位，其经济规模和全球影响力稳步上升。城市化进程的加快和消费市场的扩大为中国经济提供了新的增长点。同时，中国政府在教育、科技创新和基础设施等领域的投资显著提高了国家的整体竞争力。

到了2022年，根据市场汇率计算，中国的GDP达到了18.1万亿美元，与美国的25.5万亿美元相比，已经达到了美国的71%。这一巨大的飞跃不仅仅体现在数据上，更在于中国在全球经济格局中地位的转变。中国不仅是全球最大的商品贸易国，也是重要的对外投资国家，在国际事务中的话语权与日俱增。

这种迅速的经济增长带来了多方面的影响。首先，中国十几亿人口的生活水平得到了极大提升。其次，中国在国际政治、经济组织中的角色经历了根本性的变化，成为全球治理不可或缺的参与者。

邓小平时代确立的"韬光养晦"策略，即保持低调，不居于领导地位，聚焦于国内发展，一直是中国外交政策的核心。这一策略使得中国在避免国际争端的同时，集中资源进行经济建设和科技进步。长期以来，这种策略帮助中国在国际舞台上保持了相对稳定的发展环境，为其经济的快速增长提供了条件。

然而，随着中国成为全球第二大经济体，其在国际事务中的角色也在发生变化。中国不再是一个可以忽视的边缘国家，而正在成为一个在全球政治、经济、技术、军事等多个领域具有重要影响力的国家。在一系列国际议题中，如气候变化、全球贸易、网络安全、全球卫生等领域，中国的角色日益凸显。同时，随着"一带一路"倡议的推进，中国的全球投资和基础设施建设网络正在迅速扩张，这使得中国与世界上其他国家的联系更加紧密，也意味着其在国际事务中的影响力在不断增强。

此外，随着国家力量的增强，中国的国内舆论也在呼吁政府采取更为坚定和积极的外交立场。中国的政策制定者在评估国际环境的变化时，需要考虑维护国家利益和提高国际地位的需要。中国在一些地区和问题上采取了更为主动的立场，如在联合国和其他多边机构中的表现等。

尽管中国的全球影响力不断增强，但也面临新的挑战和矛盾。与美国的战略竞争、与邻国的关系管理以及在多边场合中的角色定位，都要求中国不断调整和更新其外交策略。在这个过程中，"韬光养晦"策略的适用性受到了考验。中国如何平衡发展需求与国际期望，如何在维护自身利益的同时，与其他国家共同维护多边主义和国际秩序，成为当前中国外交面临的重要课题。

地缘政治风险指数（Geopolitical Risk Index，简称GPR）是由瑞·达利欧创立的美国桥水基金开发的一种衡量工具，通过量化媒体报道的方式来评估地缘政治事件对特定国家或地区的潜在影响。这种指数通过对10家美国报纸的电子档案进行自动文本搜索，统计与地缘政治相关的报道频率，并将其与新闻文章总数的比例相比较，从而得出地缘政治风险的相对度量。

该方法提供了一种创新的视角。当然，它也存在一些局限性。首先，它只根据美国的主要媒体来源作判定，这可能导致某种程度的偏差。美国媒体倾向于关注与美国直接相关的国际事件，这意味着美国的地缘政治风险指数可能会被高估，而其他国家如中国的指数可能因为较少的媒体覆盖而被低估。

GPR的历史数据显示，在某些关键时刻，如1991年的第一次海湾战争和2001年的"911"恐怖袭击期间，美国的地缘政治风险指数出现了显著的峰值。这些事件直接影响了美国的国家安全和外交政策，同时也引起了广泛的国际关注和媒体报道。

到了2020年以后，尤其是在新冠肺炎疫情全球大流行和其他国际关系紧张的背景下，美国的地缘政治风险指数再次出现上升的趋势。这反映了全球政治不稳定性的增加，疫情的大流行、美国与中

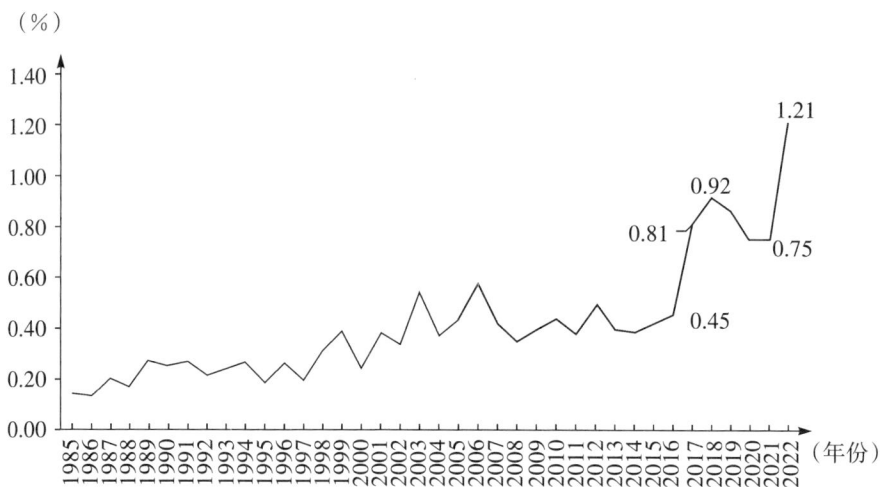

図6-1　1985—2022年中国地缘政治风险指数的变迁（GPR）

国的经贸关系紧张以及俄乌冲突等事件都对指数的上升有显著影响。

再看中国，GPR的统计数据揭示了自1985年以来，中国在美国媒体上的报道量及其相关的地缘政治风险变化。这一变化反映了在不同时期，中国在全球舞台上的政治和经济行动是如何被美国媒体所关注的，并对其国家形象和国际关系造成了怎样的影响。

从2017年开始，中国在国际地缘政治风险格局中的位置变得更加显著。美国在特朗普总统任期内实施了一系列对华强硬政策，诸如贸易制裁、技术出口限制，以及在南海和东海的军事行动，使得中国在全球舞台上面临的局面变得尤为复杂。这些年中，台湾问题也被推到了中美关系的风口浪尖，美国似乎将台湾作为其战略对抗中国的重要棋子，这进一步激化了两国间的紧张局势。

在这样的大背景下，中国的地缘政治风险在美国主要媒体报道中的占比大幅上升。据统计，与中国相关的地缘政治风险报道比例，从2016年的0.45%上涨至2017年的0.81%，并在2018年继续攀升至

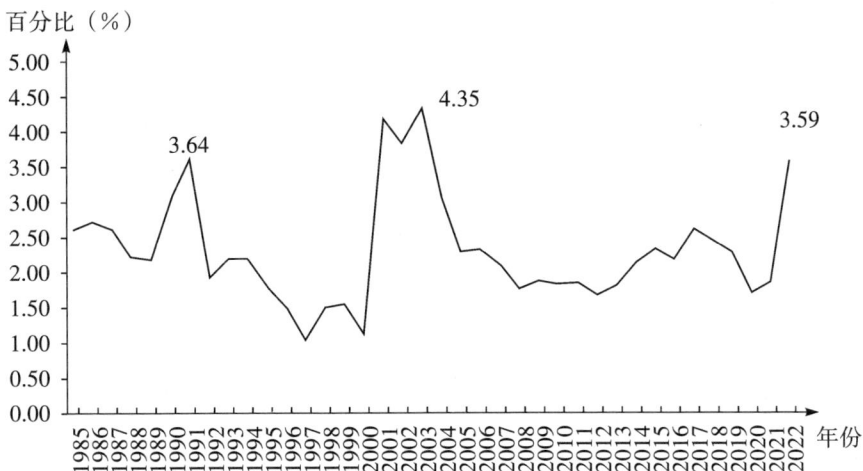

百分比（％）

图6-2　1985—2022年美国地缘政治风险指数的变迁（GPR）

说明：GPR指数反映了对10家报纸电子档案展开自动文本搜索的结果。其中包括《芝加哥论坛报》《每日电讯报》《金融时报》《环球邮报》《卫报》《洛杉矶时报》《纽约时报》《今日美国》《华尔街日报》和《华盛顿邮报》。通过计算每家报纸每个月与不利地缘政治事件相关的文章数量（占新闻文章总数的比例）来计算该指数。然后，该指数被标准化，以使1985—2019年的平均值为100。搜索识别包含对八组词的引用的文章：战争威胁（第一类）、和平威胁（第二类）、军事集结（第三类）、核威胁（第四类）、恐怖威胁（第五类）、战争开始（第六类）、战争升级（第七类）、恐怖行为（第八类）。

数据来源：根据 Dario Caldara and Matteo Iacoviello 提供数据绘制而成。

0.92％。这一数据不仅反映了美国国内政策制定者和公众对于中国政策的日益关注，也暗示了中国在国际舞台上所面临的新的挑战和困境。美国总统选举及新冠肺炎疫情虽短暂地影响了这一趋势，但进入2022年，中国的地缘政治风险再次成为媒体焦点，指数上升至1.21％。这一地缘政治风险指数虽然因局限于美国主要媒体的报道而可能存在偏差，但它提供了一个从媒体报道角度对国际政治风险态势进行观察的窗口。

二、技术竞争与"中国威胁论"

随着中国经济的快速发展和全球影响力的增强，不管是主动还是被动，自改革开放以来中国长期奉行的"韬光养晦"策略正趋近尾声。在全球化程度不断加深的今天，中国的每一个动作都受到发达国家的密切关注，尤其是以 G7 为首的国家集团。中国面临的所谓"威胁论"正在达到一个前所未有的高峰。

2023 年，由美国国务院全球参与中心和特别竞争研究项目资助的澳大利亚战略政策研究所（ASPI）刊登了一份《全球未来力量竞赛——关键技术评估》的报告。如表 6-1 所示，澳大利亚战略政策研究所根据 2018—2022 年，从 Web of Science（WoS）核心合集数据库下载的英语论文给出了包括国防、太空、机器人、能源、环境、生物科技、人工智能、高级材料、量子科技等在内的 44 项科技领域，中国在其中 37 项领域处于全球领先地位，美国在大多数科技领域排第二名，仅有高性能计算、高级集成电路设计与制造、自然语言处理（包括语音和文字识别与分析）、量子计算、疫苗和医疗对策、小卫星、太空发射系统等 7 项科技领域排名第一。

然而，这种描述可能过于夸大了中国的技术优势。事实上，美国在许多高科技领域仍保持着显著领先地位，特别是在半导体、人工智能等核心技术上。从 44 项科技领域的整体排名情况看，中国和美国两个国家在技术发展方面遥遥领先于其他国家，成为科技竞争的第一梯队。这种排名反映了两国在科技实力上的积极进取，尤其是在关键和新兴技术领域的显著成就。报告显示，中国在 8 个领域技术垄断风险为"高"，而美国没有在任何领域有高技术垄断风险，只在量子计算领域被评价为"中"。这种表述方式似乎在有意塑造中国技术威胁具有的性形象，而实际上，技术创新是一个动态过程，任

表6-1 全球未来力量竞赛——关键技术评估

技术		第一名	第二名	第三名	第四名	第五名	技术垄断风险
高级材料与制造	纳米规模材料与制造	中国	美国	印度	韩国	伊朗	高
	涂层	中国	美国	印度	韩国	伊朗	高
	智能材料	中国	印度	美国	伊朗	英国	中
	高级复合材料	中国	印度	美国	韩国	伊朗	中
	新型超材料	中国	美国	韩国	新加坡	澳大利亚	中
	高规格机械加工过程	中国	美国	美国	英国	德国	中
	高级炸药和活性材料	中国	美国	印度	德国	俄罗斯	中
	关键矿物提取与加工	中国	美国	印度	澳大利亚	加拿	低
	高级磁体与超导体	中国	美国	英国	德国	日本	低
	高级防护	中国	美国	英国	韩国	英国	低
	连续流化学合成	中国	美国	英国	德国	日本	低
	增材制造（包括3D打印）	中国	美国	英国	德国	英国	低

类别	技术	第一名	第二名	第三名	第四名	第五名	技术垄断风险
人工智能、计算与通信	高级射频通信（包括5G和6G）	中国	美国	英国	韩国	印度	高
	高级光通信	中国	美国	英国	印度	沙特阿拉伯	中
	人工智能（AI）算法与硬件加速器	中国	美国	英国	韩国	印度	中
	分布式账本	中国	美国	印度	英国	澳大利亚	中
	高级数据分析	中国	美国	印度	英国	意大利	中
	机器学习（包括神经网络和深度学习）	中国	美国	印度	英国	韩国	低
	保护性网络安全技术	中国	美国	韩国	澳大利亚	英国	低
	高性能计算	美国	中国	印度	德国	英国	低
	高级集成电路设计与制造	美国	中国	印度	德国	意大利	低
	自然语言处理（包括语音和文字识别与分析）	美国	中国	印度	英国	韩国	低
能源与环境	氢气和氨气电力	中国	美国	韩国	印度	澳大利亚	高
	超级电容器	中国	韩国	印度	美国	澳大利亚	高
	电池	中国	美国	韩国	德国	澳大利亚	高
	光	中国	美国	印度	韩国	英国	中

续表

技术		第一名	第二名	第三名	第四名	第五名	技术垄断风险
能源与环境	核废料管理与回收	中国	美国	法国	印度	英国	中
	定向能技术	中国	美国	韩国	英国	加拿大	中
	生物燃料	中国	印度	美国	伊朗	马来西亚	低
	核能	中国	美国	日本	印度	法国	低
量子	量子计算	美国	中国	英国	德国	加拿大	中
	后量子密码学	中国	美国	英国	德国	印度	低
	量子通信(包括量子密钥分发)	中国	美国	英国	德国	荷兰	低
	量子传感器	中国	美国	德国	日本	英国	低
生物技术、基因技术与疫苗	合成生物学	中国	美国	英国	德国	印度	高
	生物制造	中国	美国	印度	意大利	韩国	中
	疫苗和医疗对策	美国	中国	意大利	英国	印度	中
感测、计时与导航	光子传感器	中国	美国	印度	韩国	德国	高

技术		第一名	第二名	第三名	第四名	第五名	技术垄断风险
国防、太空、机器人与交通	高级飞机引擎（包括超音速）	中国	美国	印度	英国	伊朗	中
	无人机、集群与协作机器人	中国	美国	意大利	印度	英国	中
	小卫星	美国	中国	意大利	德国	英国	低
	自主系统操作技术	中国	美国	英国	德国	韩国	低
	高级机器人	中国	美国	英国	意大利	韩国	低
	太空发射系统	美国	中国	德国	加拿大	韩国	低

说明："技术垄断风险评估"即第一名国家在世界前10名机构中的份额；第一名国家领先最接近竞争者的差距（各自在前10%出版物中的份额比例）。评级："高"，意味着第1名国家拥有10家中8家及以上家数量的顶尖机构，并且数值上领先至少3倍；"中"，意味着第1名国家拥有10家中5家及以上家数量的顶尖机构，并且数值上领先至少2倍；"低"，意味着未满足中等标准。

资料来源：根据澳大利亚战略政策研究所（ASPI）报告绘制。

何领先优势都可能是暂时的。

这份报告进一步指出，西方国家在这场全球技术竞争中正面临挑战，特别是在科学研究的突破以及吸引和保留全球人才方面，西方国家的优势正在减弱。这些因素被视为是维持技术领先地位和控制关键技术的根本要素，它们对于一个国家的发展及其在全球舞台上的影响力有着直接的影响。这可能被夸大解读。虽然中国在某些领域取得了显著进展，但将其描绘成对西方国家的直接威胁则可能是将复杂的全球科技格局过于简单化了。

中国的快速崛起不仅建立在现有技术的发展上，更在于为未来可能出现的技术奠定基础。通过大量投资教育和研发，中国正逐渐成为一个科学技术方面的强国。在某些关键和新兴技术领域，中国已经占据了领先地位，有时这种领先地位甚至达到了令人震惊的程度。报告更是强调"民主国家"如果不重视中国的"技术垄断"，不加以管控，全球权力和影响力都会转移到中国。

在当今世界的科技竞争中，中国的迅猛发展已经引起了许多西方国家的警觉。APSI的研究报告通过分析44项科技领域的排名情况，强调了中国在某些领域可能形成技术垄断的风险，这在一定程度上加剧了西方对"中国威胁论"的关注。报告中的这些观点被一些西方国家，尤其是美国，用作对中国实施技术封锁和其他限制性措施的依据。

然而，我们需要认识到，ASPI的研究方法主要基于论文发表数量，这可能无法全面反映一个国家的实际技术能力和创新水平。此外，技术质量、应用和商业化程度等因素也同样重要，但在这份报告中并未得到充分考虑。

中国在许多技术领域已拥有明显的领先优势，美国在众多关键技术领域已然落后。在这两个科技强国之外，其他国家如印度、英国、韩国、德国、澳大利亚、意大利和日本，被视为处于第二梯队。

美国在科技战略方面，需要寻求联合这些第二梯队的国家形成更紧密的同盟关系，以集体应对中国的科技崛起。美国的这一策略不仅涉及共享科研成果和资源，还可能包括在国际政治舞台上对中国的政策制定发挥影响。通过这样的国际合作，美国意图维护和加强其在全球技术竞争中的领先地位，同时限制中国影响力的发展。

这种趋势反映了全球科技领域竞争的新局面。各国不仅要提高自身的技术创新能力，还要在国际舞台上积极争取合作伙伴，形成技术同盟。在这个过程中，技术政策和科研投资的方向将深受地缘政治的影响。尽管这种合作可能带来积极的科技进步，但也有可能导致技术和知识产权的战略对抗。这种对抗可能在全球范围内造成国家间关系激化和竞争加剧的后果。

国家、军事与技术创新

一、技术创新与军事需求

国家、军事和技术创新之间紧密相连。20世纪初，美国制造业的一个标志性特征是福特汽车公司的T型车引领的大规模生产模式，其起源可追溯至美国陆军斯普林菲尔德兵工厂开发的"美国式制造系统"。该系统通过确保零件的互换性和标准化，显著提高了生产效率，并随后被应用到缝纫机、自行车和汽车等民用产品的生产中，从而推动了大规模生产方式的广泛传播。

美国发展经济学家弗农·W.拉坦进一步指出，飞机、火箭、人造卫星、核电、计算机和互联网等关键技术的诞生和发展，都深受军事需求的影响。[①]举例来说，美国航空工业的初期发展，受到了国家航空咨询委员会（NACA）的大力推动。该委员会在第一次世界大战前夕成立，随后的40年间，作为新技术和新知识的重要推动与传播者而存在。1958年，随着NACA转型升级为美国航空航天局（NASA），美国在航空和宇宙领域的研究与开发活动进入了新的阶段。NASA自成立以来，就在探索宇宙这一产业中占据了中心地位。美国的太空事业起步于第二次世界大战后。当时美国将德国V2火箭

---

① Vernon W. Ruttan, *Is War Necessary for Economic Growth?*: *Military Procurement and Technology Development*, Oxford University Press, 2006.

的开发团队，包括维尔纳·冯·布劳恩在内的成员，吸纳入美国的研究机构。在冷战的背景下，与苏联的竞争成为推动美国太空探索的主要动力，特别是苏联成功发射第一颗人造卫星斯普特尼克给美国带来的冲击，成为NASA成立和美国决心确立太空技术领导力量的重要契机。

在核能领域，实用化的核电技术同样与军事紧密相关。美国在第二次世界大战期间启动的曼哈顿计划，目标是开发出原子弹对抗德国。此后，轻水反应堆技术从核潜艇发展、应用到宾夕法尼亚州希平港（Shippingport）的第一个商用核反应堆，确立了轻水反应堆作为核能发电的主导技术。

世界上第一台数字式计算机的开发是在宾夕法尼亚大学电气工程系摩尔学校的J.W.莫克利和J.P.埃卡特等人的带领下进行的，这项工作得到了美国陆军弹道研究所的资金支持。同时，贝尔实验室的威廉·肖克利发明的晶体管，无论在军事还是商业领域的开发，也都得到了美国陆军通信队的财政支持。

互联网的前身可以追溯到美国国防部的高级研究计划局（AR-PA）开发的一个军事通信网络。尤其是在1970年代，ARPA网络的实验成功，极大地促进了互联网的实用化和普及化。直到1990年代初，美国国防部在互联网的发展中都发挥了领导作用。半导体集成电路（IC）的发明发生在1958—1959年间，由两位科学家独立完成：诺伊斯（Fairchild公司）和基尔比（德州仪器公司）。虽然这项发明并非直接由军事合同引导，但美国军方和国家情报局确实向产业界表明了其未来的需求——将单个晶体管等单体半导体元件微型化并整合到一个电路中。如克里斯·米勒在其著作《芯片战争：世界最关键技术的争夺战》中所述，美国军方在推动半导体芯片技术发展方面起到了关键作用。

　　　　　　　　　　　　　　　　　　　　战争与财政

飞机、火箭、人造卫星、核能、计算机和互联网等技术是20世纪的重要通用技术。那么，为什么这些重大技术的诞生和发展都出现在美国而非其他国家？尤其是考虑到美国并不是在第二次世界大战前，而是在战后才成为一个持续产生技术创新的国家。答案在于冷战期间的巨大地缘政治紧张。这促使美国成为一个不断推动技术革新的国家。

琳达·韦斯在研究第二次世界大战后美国的政治经济体制时，提出了"国家安全"这一概念[①]。这一概念是在冷战背景下形成的，旨在应对来自"东方集团"，特别是苏联的地缘政治威胁。根据韦斯的理解，"国家安全"不仅仅是其军事或情报机构大幅扩张，其国家的行政结构也受到深刻影响，政府对科技创新和产业政策的控制扩大了。

在这样的地缘政治压力下，美国不断增强其行政机构的功能，以确保其在关键技术领域的主导地位。当苏联在1957年成功发射第一颗人造卫星斯普特尼克后，美国政府震惊之余，迅速成立了国家航空航天局（NASA）和高级研究计划局（ARPA），显著增强了对科技创新的投资，这是"国家安全"在科技领域的具体体现。

美国所面临的地缘政治挑战并不仅限于苏联。在1980年代，日本在制造业，特别是在半导体和汽车领域的迅速崛起，使日本开始被美国视为新的竞争对手。美国政府担心这会削弱他们在全球制造业的主导地位，因此调整了技术政策，不仅加大了对本国高科技行业的支持，还对日本的半导体行业施加了强烈的经济压力。米勒在其著作《芯片战争：世界最关键技术的争夺战》中，详细叙述了美

---

① Linda Weiss, *America Inc.?: Innovation and Enterprise in the National Security State*, Cornell University Press, 2014.

国当时如何采取措施来打压日本的半导体行业。在21世纪，随着中国的经济迅速增长，中国在科技领域取得了显著进展，尤其是在人工智能、5G通信和其他高端技术领域。这一趋势已经引起了美国的注意，并促使其政府采取行动。美国政府不仅通过财政手段对其国内企业进行了资助，以促进科技创新，还对中国实施了前所未有的经济制裁措施。

美国的技术发展并不完全是政府研究机构自上而下的成果，私营部门的自发创新也不是唯一动力。实际上，国家与产业、学术界之间建立了紧密的合作模式，包括提供研究经费、政府采购、知识共享、支持创业公司和商业化等方式。这种合作模式超越了简单的官方或民间模式，形成了一种官民合作的技术发展体系，韦斯称这种关系为"被治理的相互依存"。

韦斯认为，推动美国核心技术创新的不是自由市场，而是国家安全框架下产官学之间的"被治理的相互依存"。美国实际上在自主的经济规划的基础上，执行着强有力的产业政策。当提及产业政策时，人们常想到日本和中国这样的"发展型国家"（developmental state）模式，但细看美国，尽管其表面宣扬自由经济，但实际上也是在国家安全名义下的"发展型国家"。进入1980年代后，新自由主义崛起，政府在市场的干预角色变得不受青睐。然而，美国仍然通过"被治理的相互依存"的网络，在军事和生物技术等领域继续推行强力的产业政策，就如弗雷德·布洛克所描述的，美国实质上是一个"隐形的发展型国家"①。

韦斯提出，即使是被视作美国自由市场经济标志的风险资本，

---

① Fled Block, "Swimming Against the Current: The Rise of a Hidden Developmental State in the United States," *Politics and Society*, Vol.36, No.2, 2008, pp.169-206.

也是在"国家安全"的培养下成长起来的。比如，美国早期风险资本的典范 ARD（American Research and Development）就是在 1946 年于波士顿成立的，目的是把战争期间开发的军事技术转化为民用。ARD 的创立者，也就是被誉为"现代风险投资之父"的乔治·多里奥特，依托自己战时的资源调配经验及广泛的人脉在 ARD 的经营中发挥影响力。

在 1950 年代后期，随着苏联成功发射人造卫星，美国为了恢复技术优势，特别是为中小企业提供风险资金，设立了 SBIC（小企业投资公司）。这一机构极大地推动了美国风险资本和创业企业的发展。1982 年，美国又启动了 SBIR（小企业创新研究计划），这个计划每年向美国的高科技企业注入约 25 亿美元，成为全球最大的技术种子基金。SBIR 在为高科技创业公司提供资金方面起到了至关重要的作用。通常情况下，私人风险资本主要用于企业并购、市场营销或成熟技术的发展，只有少部分用于初期阶段的技术开发。SBIR 则将所有资金都投入到了初期技术开发。2009 年，美国对高风险技术的总投资为 420 亿美元，其中超过 60% 的投资是通过 SBIR 完成的。

SBIR 的创建也是基于地缘政治的考虑。当时美国面临着多方面的安全威胁：越南战争的失败、数次石油危机、苏联在非洲和阿富汗的介入等，这些都增强了美国的安全危机感。另一方面，日本企业开始蚕食高科技市场份额，这也加剧了美国的危机感。SBIR 是作为对这些地缘政治威胁的回应而创立的。

尽管鲜为人知，但代表着风险企业业务的硅谷，实际上在冷战时期也同样深受"国家安全"影响。比如，在 1980 年代的硅谷，许多电子技术企业都与导弹、卫星、军事和太空探索有关。这些与军事相关的公司主要依靠国防部的合同作为收入来源，直接为硅谷约四分之一的劳动力提供就业，并为硅谷制造业收入贡献了约 20%。所谓的"后工业化"生产组织（如分散型生产体制、定制化、灵活专业化等），均起源于1980年代的国防相关生产体系。当1980年代初硅谷的商业用半导体产业因与日本企业竞争而面临危机时，国防部支持了斯坦福大学、加州大学伯克利分校等地的研究开发工作。这成为新技术革新的源泉，并帮助硅谷经济复苏。

二、不确定性与企业家国家

技术创新是在面对未来的不确定性时所进行的资源动员活动。在这个过程中，尽管结果难以预测，但必须做出投资和开发决策，这是技术创新面临的主要挑战。以新药开发为例，开发周期长，投入大，成功率却极低。技术创新的不确定性越大，所需动员的资源就越多，经济活动的失败风险也相应提高。在无法准确预见未来的情况下，技术发展的多个潜在方向并存，无法事先判断哪个技术路线最终会成功。负责技术开发的人员在这种不确定性中仍需找到目标并动员所需资源。

主流经济学的框架难以适应这种不确定性，因为它无法处理不确定性问题。相反，制度经济学以不确定性为分析基石，提供了理解技术创新为面对未来不确定性的集体行动的视角。学者如内森·罗森伯格、理查德·尼尔森和西德尼·温特分析了多种技术创新过程，表明社会或制度因素可以作为技术发展的"瞄准器"或"导向器"，帮助确定技术发展目标。在目标确定后，工程师和组织可以形成预期，推动开发进程，并通过共享目标促进合作与集体行动。国家技术政策是强有力的制度因素，能够指导技术创新的方向，NASA的太空政策便是一个明显的例子。

技术开发目标确定之后，就需要动员包括资金、人才和知识在内的各种资源。企业、供应商、大学、研究机构、政府以及消费者等，都需要围绕技术创新形成一个互动的网络，通过集体努力来吸收和传播知识，推动技术开发向前发展。这些网络可能形成于不同层面，包括企业、地区甚至国家层面，而其中以"技术创新的国家系统"最为关键，它为技术发展提供了框架和支撑。

玛丽安娜·玛祖卡托在技术创新领域的研究表明，与主流经济学将创新动力归功于私人市场相反，国家在推动突破性技术创新方面扮演的角色更接近于企业家。[1]主流经济学通常认为国家是一个效率低下的经济体，仅限于扮演纠正"市场失败"和支持基础科学研究这样的边缘角色。

然而，玛祖卡托认为，技术创新所面临的不是可计算的风险，而是凯恩斯所说的根本无法用概率来衡量的"不确定性"。在这种不确定性中，国家更有可能比私人主体更能克服这些挑战。她提出了"企业家国家"的概念，强调国家在承担技术创新风险、设定创新目标、指引发展方向以及动员资源方面的主动性和积极作用。

深入追溯技术发展史，我们会发现，从铁路、核能发电、航空器到互联网、纳米技术、新药开发、生物技术，以及手机内置的GPS和触屏技术等，很多被视作资本主义创新动力的"极端不确定性中的创新性投资"，并非仅仅源于风险资本家或个人发明家，而是来自于国家的有意识策略和投资，特别是在安全保障的背景下。这些革新性的投资往往是由国家的"可见之手"所引导和提供的，这一点在技术史上有着充分的体现。正如前文在"技术创新与军事需求"部分所提到的，互联网的前身ARPANET是由美国国防部高级研究计划局（ARPA）发展的一个军事通信网络。这个例子不仅展示了军事

---

[1] Mariana Mazzucato, *The Entrepreneurial State: Debunking Public vs. Private Sector Myths*, Public Affairs, 2015.

需求对技术创新的推动作用，也清晰地揭示了技术、政府投资与国家财政之间的密切关系。我们可以进一步深入探讨这个案例，以更全面地理解国家在推动重大技术创新中的核心作用。

ARPANET项目于1969年启动，其最初目标是建立一个分散式的通信网络，以在核战争情况下保持通信能力，充分体现了"国家安全"的战略考量。这与我们之前讨论的其他军事驱动的技术创新，如航空工业、核能等，有着相似的背景。

ARPANET的开发得到了美国政府大量的资金支持。1966—1990年，美国政府通过DARPA向这个项目投入了超过10亿美元。这种大规模、长期的投资远远超出了私营部门的能力和意愿，特别是考虑到这一项目的高风险性和未来收益的不确定性。在这里，国家财政扮演了至关重要的角色，承担了私营部门难以承担的风险，展现了玛祖卡托所描述的"企业家国家"的特征。

随着时间的推移，ARPANET逐渐演变为今天我们所熟知的互联网。在这个过程中，政府继续发挥着关键作用。例如，美国国家科学基金会（NSF）在1980年代创建了NSFNET，这成为互联网的主干网络。NSF还资助了许多大学和研究机构接入这个网络，为互联网的快速发展奠定了基础。这种做法与前文提到的"被治理的相互依存"模式高度吻合，展示了国家、学术界和产业界之间存在的紧密合作。

政府的投资不仅限于基础设施的营建，还包括关键技术的开发。TCP/IP协议，即现代互联网的基础，就是在DARPA的资助下开发的。这与我们之前讨论的其他军事相关技术，如GPS系统的发展，有着相似的模式。同样，早期的网络浏览器Mosaic也是在美国国家超级计算应用中心（NCSA）的支持下开发的，该中心由NSF资助。这些例子进一步印证了国家在推动核心技术创新方面的重要性。

互联网的发展史告诉我们，许多被视为"市场驱动"的技术创新，实际上深深根植于国家战略和公共投资之中。这种模式不仅适用于互联网，也适用于我们之前讨论的许多其他关键技术领域，如航空航天、核能、计算机等。它凸显了在推动重大技术创新方面，国家的"可见之手"往往比市场的"看不见的手"更为重要和有效。这一认识与前文讨论的"国家安全"和"企业家国家"的概念高度一致，强调了国家在面对技术创新的不确定性时所发挥的关键作用。

对该案例的分析进一步强化了我们之前的论点：国家，特别是通过其军事和安全需求，在推动重大技术创新中扮演着核心角色。通过国家财政的支持，政府能够承担私营部门难以承担的长期、高风险投资，为革命性技术的诞生和发展创造条件。同时，这种投资也体现了国家安全、经济发展和科技进步之间的紧密联系。

在这个视角下，我们可以更好地理解为什么许多国家，包括中国在内，都在加大对关键技术领域的投资和支持。这不仅是经济发展的需要，更是国家安全和战略竞争的必然选择。同时，这也解释了为什么在面对经济制裁和技术封锁时，一些国家能够表现出超出预期的适应能力和创新潜力。正如互联网和其他军事驱动的技术创新例子所示，国家主导的技术创新往往能够克服市场力量难以应对的长期性和不确定性挑战，从而在关键领域取得突破性进展。

战争对于技术创新的重要性不仅在于它作为一个强大的动力源，还在于它所体现的决策过程和应对不确定性时直觉的作用。熊彼特在《经济发展理论》中指出，无论是军事还是经济行动，都必须在信息不完全的情况下作出决策。这种情况下的成功往往依赖于直觉，即那种在当时可能不被理解，但事后证明正确的预见能力。它能够洞悉事物的本质，忽略掉非本质因素。

通过将经济行动与军事行动相比较，熊彼特强调了决策时面对不确定性的相似性。他认为，不论军事上还是经济上，行动的本质都不是基于严格的合理计算，而是基于一种对未来的直觉性判断。

熊彼特还提到，驱动企业家进行技术创新的并非纯粹的物质欲望，而是更深层次的动机，例如建立自己的"王国"，骑士精神的追求，征服的欲望，或是创造过程中的满足感。这表明，经济行为的动机与军事行为有着本质的相通之处。在技术创新的领域，这些行为主体并不仅仅是主流经济学所假设的那种由物质欲望驱动并进行理性利益计算的"经济人"，他们更像是充满野心和创造欲望的"战士"。

卡尔·冯·克劳塞维茨在其著作《战争论》中，对战争提出了深刻的见解。他将战争视为一种处理生命力和道德力的艺术，认为它无法获得绝对或确定性。克劳塞维茨强调，无论规模大小，战争总是必须为不确定性留有余地，而面对不确定性时，勇气和自信是调节的关键，强大的勇气和自信允许更大的偶然性。

克劳塞维茨认为勇气和自信是战争中不可或缺的，原因在于军事行动必须处理不确定性。与之相近的是，这种勇气和自信不仅在战斗中是必需的，在投资中也是必需的，因为投资是面向不确定未来的行动。这一点是由经济学家凯恩斯指出的。凯恩斯提到，我们做出决定去做某些可能需要很长时间才能产生结果的积极的事情，通常是基于本能——一种自发的动力，希望活跃而不是消极——而非通过计算概率和利益的加权平均得出。凯恩斯认为，人类的决策，无论是个人的、政治的还是经济的，都不能依赖于严格的数学预期，因为我们没有基础进行这样的计算，而是依赖于我们与生俱来的活动冲动。即使我们的理性自我尝试进行计算，最终的选择也常常依赖于任性、情感和偶然性来做出。

在克劳塞维茨的分析中，战争、经济和政治被理解为面向不确定性时的资源动员和集体行动。这种理解与地缘经济学的思维方式相符，它揭示了在"国家安全"背景下，"企业家国家"的角色是合理的。通过这个视角，我们可以理解为何在面对极端不确定性时，国家能够以企业家的身份采取行动，动员资源以推动集体行动和技术创新。

在当前的地缘政治背景下，美国对中国发起的经济制裁和技术封锁展现了国家行动超出传统经济合作预期的现实。理论上，通过数学模型可以预测中美之间的经济合作会给全球带来最大利益，但实际的政治行为往往由更复杂的动机和考量决定，这些动机可能包括安全保障、战略竞争、政治利益，甚至是政治领导人的个人决策风格。特别是在特朗普执政期间，这些政策更多地被看作是出于国家安全的考虑。

主流经济学以对市场机制和理性选择的强调，往往难以完全解释许多政治行为。它通常假设市场参与者基于完全信息和理性预期作出决策，但在实际的国际关系和政治决策中，国家行为常常受到安全、权力、影响力和意识形态等因素的影响，这些因素很难用简单的经济学模型来衡量或预测。

从地缘政治的角度看，经济制裁和技术封锁是国家力量在国际舞台上进行战略争夺和利益保护的工具。在这种情况下，国家财政作为实现政策目标的一个重要手段，其重要性不言而喻。国家财政可以用来支持受制裁影响的国内行业，投资于关键技术和基础设施建设，促进经济多元化，减少对外部市场的依赖。同时，通过财政支持教育和人才发展，国家能够确保长期的自主创新能力和技术竞争力。国家财政是技术创新的推动者，是经济稳定和增长的守护者，也是人才培养和国际竞争力构建的基石。

结　语

查尔斯·蒂利在对时间跨度达1000年的国家形成历史的深入研究中明确指出，国家形态由封建制向"资本化强制型"国家、主权国家转变，最终演变为民族国家的主要驱动力是战争。他的研究表明，是战争孕育了国家，同时国家的存在又不断产生新的战争。这种观点揭示了国家形态发展与战争之间深刻的相关性。

国家被定义为具有一定轨迹的大规模集体行动，或称作"持续经营"（Going Concern）。其轨迹的重大变化主要受国际环境，特别是战争这种实存危机的压力影响。在战争的压力下，国家为了在战争中取胜，被迫尝试大规模且高效的国内资源动员。为此，国家建立了新的体制和机制，从而使资源动员成为可能。这些新体制包括"资本化强制型"国家、主权国家，特别是民族国家。这些形态被设计出来以适应战争中的资源动员需要，并在各国间的地缘政治斗争中被模仿和传播，进而成为全球主导的国家形态。

战争导致的大规模资源动员不仅塑造了国家体制，也催生了许多技术和制度的发展。例如，大规模生产方式、铁路、飞机、火箭、人造卫星、原子能、计算机、互联网等技术的发展，以及国家货币、中央银行、累进税收、福利国家、"大政府"、财政刺激、官方统计、国民经济核算等制度的建立，都直接或间接源于战争或为战争做准备而产生的需求。这些技术和制度的发展不仅支撑着我们今天的生活，也是我们现代经济和社会结构的基石。它们的起源通常带有血腥的历史背景，我们今天的经济繁荣和社会秩序在很大程度上是建立在先辈流出的血液之上的。历史的进程并非平静和理想化的发展路径，而是充满了冲突、战争和重大社会变革。国家的形成、发展和变革与战争紧密相连，反映了人类集体行动的复杂性和深刻性。

技术和制度的发展与战争紧密相连，而思想的形成也受到地缘政治对立和冲突的深刻影响。历史上，许多重要的思想流派和经济理论都是在特定的地缘政治背景下产生和发展的。例如，17—18世纪，在欧洲紧张的地缘政治环境中诞生的重商主义思想，标志着现代经济学的起源。这种思想强调通过贸易赢得财富和政治优势，反映了那个时代欧洲国家之间为争夺全球影响力和财富的激烈竞争。

英国的宪政主义和自由主义，是在其作为岛国的地缘政治环境中保护和培养出来的。这些思想反映了英国对于个人自由和法治的重视，以及对抗欧洲大陆国家集权主义趋势的需求。20世纪的平等化和民主化运动，在两次世界大战期间的全面动员中获得了重要的推动。这些战争不仅是军事冲突，也是社会和政治结构深刻变革的催化剂。

此外，战争或战争准备所产生的技术、制度或思想，在战争结束后通常会继续存在，并通过"民政化"或"衍生"应用于平时的资源动员。原子能的开发最初是为了制造核武器，但后来被转化为和平时期的能源利用，即所谓的"原子能的和平利用"。这是将军事技术转化为民用技术的典型例子。同样的过程也发生在大规模生产方式、铁路、飞机、人造卫星、计算机、互联网等技术上。

福利国家的概念实际上也是战争时期政策的延伸。原本旨在培养强健士兵的政策，在战后转变为旨在提高国民整体福祉和生活质量的社会政策。福利国家不仅关注公民的基本需求和权利，也反映了政府在社会经济中的积极角色。这种政策和制度的转变展示了人类文明如何将战时的全民动员理念转化为和平时期的社会发展和进步。

经济政策，特别是凯恩斯主义宏观经济政策，可以被视为战争资源动员的民政化或和平利用。这种政策的诞生基于两次世界大战期间各个国家进行的大规模资源总动员以及由此造成的对物价水平和失业率的显著影响。在战争期间，国家为了战争目的而动员各种资源，包括人力和物质资源，这种动员在战后转变为推动经济发展和社会福祉的政策。

在两次世界大战之前，关于通过国家经济干预以解决失业问题和提高国民福祉的思想已在多位理论家中得到讨论。例如，19世纪后半叶的英国费边社会主义、英国历史学派和新自由主义等思潮，都在不同程度上探讨了国家在经济和社会中的角色。然而，凯恩斯主义经济运作和福利国家的正统化，直到第二次世界大战期间才得以确立。

第二次世界大战的全面动员为战后的福利国家和宏观经济政策铺平了道路。这些政策的核心在于，国家通过动员资源来实现经济目标，如经济增长、经济复苏、物价稳定、充分就业和技术进步。这种动员不再是为了战争胜利，而是为了经济和社会的整体福祉。

宏观经济政策本质上是国家资源的总动员。无论是在战争还是和平时期，国家资源的动员都是关键。但在和平时期，这种动员的目的是促进经济和社会的发展，而不是为了军事胜利。这种转变反映了从战争到和平时期政策目标和手段发生了根本改变。

在讨论经济政策，特别是凯恩斯主义宏观经济政策的背景和演变过程时，财政学的重要性不容忽视。财政学作为经济学的一个重要分支，主要研究政府收入和支出的管理，对理解和设计有效的经济政策至关重要。在两次世界大战期间以及战后的经济政策形成中，财政学的角色尤为显著。

战争期间的国家资源动员，不仅涉及物质资源和人力，还包括财政资源的集中和使用。例如，战争融资、税收政策的调整和国家债务的管理，都是财政学研究的核心内容。战后，为了实现经济复苏和社会稳定，国家必须采取有效的财政政策，包括税收政策、政府支出和债务管理。这些政策直接影响宏观经济的稳定性、公共投资的效率以及社会福祉的分配。

凯恩斯主义宏观经济政策的核心之一就是财政政策的积极运用。通过调整政府支出和税收，政府可以影响总需求，从而促进经济增长、减少失业和控制通货膨胀。福利国家的构建也离不开财政学的支持，包括社会福利项目的资金安排、公共服务的提供以及收入再分配的机制。

因此，财政学不仅是理解和设计经济政策的重要工具，也是连接战争资源动员与和平时期经济管理的桥梁。通过研究和应用财政学原理，政府可以更好地动员和使用资源，以实现经济目标和社会目标。无论在战争还是和平时期，财政政策都是国家宏观经济政策不可或缺的组成部分，其重要性在历史和现代背景下均显而易见。

经济活动本质上是人们的集体行动，它表现为一种具有特定轨迹的大规模"持续经营"活动。这种活动不仅反映在日常的消费和投资决策中，也在更广泛的社会和政治层面上产生影响。例如，通货紧缩通常是国民集体减少消费和投资的结果，而通货膨胀则相反，表现为国民增加消费和投资的倾向。因此，经济政策可以被看作是国家对国民经济集体行动方向的一种引导或操控。

第二次世界大战后的西方世界通过转变战时的全面动员为民政化实践，构建了基于凯恩斯主义宏观经济管理和福利国家的"福利国家资本主义"。这一体系使国家在经济管理中扮演积极角色，不仅实现了国家经济的稳定、平等和高速增长。在这一时期，经济政策，如财政刺激、减税或利率调整，被用作动员国民进行消费和投资的工具，以此克服经济衰退或通货紧缩。

经济的发展路径具有依赖性，这意味着一旦确定某一轨道，如经济自由主义或凯恩斯主义，改变这一轨道将非常困难。第二次世界大战期间及其后，世界范围内的地缘政治紧张，如冷战，加强了对凯恩斯主义和福利国家的支持。然而，随着越南战争、第四次中东战争和伊朗革命（石油危机）等事件的发生，以及随后冷战的结束，原有支持凯恩斯主义和福利国家的地缘政治压力逐渐消失。

到了1980年代，凯恩斯主义开始衰落，新自由主义迅速崛起，同时伴随着1990年代以来的全球化趋势。这些变化反映了地缘政治环境的重大转变，也标志着经济管理和社会福利政策进入了新阶段。全球化不仅带来了经济上的相互依赖和竞争，也带来了政治局势和社会结构的深刻变化。在这一背景下，经济政策的设计和实施面临了新的挑战和机遇。

截至当前，新自由主义作为一种意识形态和经济体系，在过去20多年里持续影响着全球经济。它带来了诸多挑战，包括不平等的扩大、经济增长和技术革新的减缓、金融危机的频发以及社会的不稳定。这种经济体系甚至被认为是造成自"大萧条"以来最严重的全球金融危机的一个主要原因。新自由主义的路径依赖性，即一旦选定某条发展路径就难以改变，使得它在多个方面深深根植于当代经济社会结构中。

在这个背景下，未来地缘政治冲突仍会增加似乎在所难免。新自由主义可能不仅是这些冲突的经济原因之一，而且可能将在这些冲突中持续发挥作用。然而，21世纪的地缘政治冲突，所谓的"新战争"，不一定能够改变新自由主义的发展轨迹，或带来更理想的经济系统。

值得注意的是，集体行动具有路径依赖性，它并非随着个人的自由意志或理性而随意变动。在面对国家、资本主义经济或国际政治经济这样的大规模集体行动时，个人的意志或理性往往显得无力。例如，当国家决定进入战争时，即使民众知道这将带来不幸的结果，他们也无法改变这一趋势。甚至在反战的意愿下，人们依然可能被迫成为战争的一部分。

本书的核心目标是探讨战争、国家与财政之间的相互关系。战争，作为人类历史上一种推动发展的途径，对国家的兴衰和财政政策有着深远的影响。在当前地缘政治复兴的背景下，国家、战争与财政的相互作用再次成为世人关注的焦点。

战争，尽管血腥而残酷，却在历史上多次作为国家发展和强权形成的催化剂。黑格尔曾经说过，"密涅瓦的猫头鹰只在黄昏时飞行"，意指人类往往只有在历史事件发生后的回顾中，才能真正洞察和理解这些事件。同样，对战争的理解也是如此，通常只有在战争结束之后，人们才能从历史的角度全面理解战争对社会、经济和国家的影响。

财政政策在这一过程中扮演着关键角色。国家的财政状况和预算过程不仅决定了其军事能力和战争准备的水平，也反映了一个国家对和平与战争的态度。例如，一个国家如果大量投资于军事而忽视社会福利和经济发展，便意味着可能更倾向于通过军事手段解决冲突。因此，通过仔细分析各国的财政倾向和预算分配，可以在一定程度上预警和防范潜在的战争。

在探讨战争、国家与财政的关系时，比较当今世界两大经济体和军事大国——中国和美国的财政状况，特别是它们的国防预算，可以为我们提供关于当前地缘政治和经济形势的重要洞察。这种比较不仅反映了两国在军事和地缘政治战略上的不同选择，也体现了它们在经济发展阶段和国际角色定位上的差异。

根据斯德哥尔摩国际和平研究所（SIPRI）的数据，2022年美国的军事支出达到8770亿美元，约占其GDP的3.5％。这一数字不仅远超其他国家，也反映了美国维持全球军事优势的战略决心。相比之下，中国的官方国防预算在2022年为2300亿美元左右，约占其GDP的1.7％。虽然这个数字远低于美国，但中国的军事支出一直保持稳定增长，反映了其逐步提升军事实力的战略意图。

然而，仅仅比较绝对数字可能会产生误导。考虑到两国的经济规模、地缘政治环境和战略目标的差异，我们需要更深入地分析这些数据。首先，考虑到购买力平价（PPP），中国的实际军事支出能力可能比官方美元数字所显示的要高。按照PPP计算，中国的军事支出实际上可能接近或超过5000亿美元。这是因为PPP考虑了不同国家的价格水平差异，特别是在人力成本、本土研发和生产等方面。例如，在中国，同样数量的资金可以雇佣更多的军事人员，或者采购更多的国产武器装备。国际战略研究所（IISS）的数据显示，如果按PPP计算，2021年中国的国防支出约为美国的76％，而不是按市场汇率计算的仅为37％。这种差异表明，仅使用官方汇率进行简单比较，可能导致对中国军事实力的低估。其次，美国的军事预算需要支持其全球军事行动，而中国的军事支出主要集中在区域性防御和现代化方面。最后，虽然中国的军费与美国相比绝对值较小，但其占GDP的比例正在逐步增加，这反映了中国对军事现代化的重视程度在提高。

从财政学的角度来看，这种军费支出的差异反映了两国在资源分配和国家优先事项上的不同选择。美国的高额军费支出常常引发国内对社会福利、教育和基础设施投资不足的批评。相比之下，中国在增加军费支出的同时，也在努力保持经济增长和改善民生。这种选择与我们之前讨论的国家资源动员和经济政策方向密切相关。

然而，随着地缘政治紧张局势的加剧，中美两国都面临着增加军费支出的压力。这可能会对两国的经济发展和社会稳定产生深远影响，也可能引发新的地缘政治冲突。这种情况与我们之前讨论的战争与国家形成的关系，以及经济政策的路径依赖性有着密切的联系。

"没有大规模战争就无法实现经济繁荣和社会公正"的观点，可能正在逐渐成为历史。随着人类对战争的认识加深，以及对历史教训的理解深化，越来越多的国家和政策制定者开始寻求通过和平手段实现国家利益。在这个过程中，财政政策和预算的安排成为决定国家走向和平还是战争的关键因素。

在经济全球化的今天，各国间的相互依存度前所未有的高。一场大规模战争不仅会带来难以估量的人员伤亡，还会对全球经济造成毁灭性打击，这是任何负责任的国家都不愿看到的结果。然而，我们也必须认识到，军事预算的增加是一个复杂的问题，它反映了国际关系的紧张和不确定性。

虽然一些国家可能将增加军事支出视为维护国家安全的必要手段，但这种做法也可能加剧地区紧张局势，引发军备竞赛，最终反而可能降低整体安全水平。历史告诉我们，单纯依靠军事力量很难实现持久和平。真正的和平需要通过外交努力、经济合作、文化交流等多种途径来实现。

因此，我们应该更加谨慎地看待军事预算的增加。一方面，合理的国防支出对于维护国家安全确实是必要的；另一方面，过度的军事投入可能挤占经济发展和社会福利的资源，甚至引发新的冲突。

关键在于如何在这两者之间找到平衡，以及如何将军事实力转化为促进和平的工具，而不是挑起冲突的导火索。

我们应该认识到，真正的国家安全不仅依赖于军事力量，还包括经济实力、社会稳定、环境可持续性等多个方面。因此，在制定财政政策时，需要全面考虑这些因素，而非片面强调军事支出。在这种背景下，财政政策的制定者面临着一个重要的挑战：如何在保障国家安全的同时，将更多资源投入到促进经济发展、改善民生、应对气候变化等增进全人类共同福祉所面临的挑战中去。显然，这需要智慧、远见和勇气，也需要国际社会的相互理解与共同努力。

我们应该鼓励各国通过透明的军事政策、加强国际对话和合作来减少误解和猜疑，努力构建一个基于互信而非威慑的国际秩序。

参考文献

英文文献

B.R.Mitchell, Phyllis Deane, *Abstract of British Historical Statistics*, Cambridge University Press, 1971

Barry R.Posen, *Restraint: A New Foundation for U.S. Grand Strategy*, Cornell University Press, 2014

Charles P.Kindleberger, *Manias, Panics and Crashes: A History of Financial Crises*, Macmillan, 1996

Charles Tilly(ed.), *The Formation of National States in Western Europe*, Princeton University Press, 1975

Colin S.Gray, "Inescapable Geography," in Colin S. Gray, Geoffrey Sloan(eds.), *Geopolitics: Geography and Strategy*, Frank Cass Publishers, 1999

David S.Jacks, "New Results on the Tariff−Growth Paradox," *European Review of Economic History*, October 2006

Edward Hallett Carr, *The Twenty Years' Crisis, 1919—1939: An Introduction to the Study of International Relations*, Perennial, 2001

Edward Mead Earle, "Adam Smith, Alexander Hamilton, Friedrich List: The Economic Foundations of Military Power," in Peter Paret(ed.), *Makers of Modern Strategy: From Machiavelli to the Nuclear Age*, Princeton University Press, 1986

G.Exner, "A Berlin(Population) Statistician as a Forerunner of the Concept of the 'Human Capital', Ernst Engel (1821—1896) and His Influence on Rudolf Goldscheid's Concept of 'Economy of Human Beings' and the 'Organic Capital'," https: //epc2010.eaps.nl/abstracts/100043

Fled Block, "Swimming Against the Current: The Rise of a Hidden Developmental State in the United States," *Politics and Society*, Vol.36, No.2, 2008

G.John Ikenberry, "The Illusion of Geopolitics: The Enduring Power of the Liberal Order," *Foreign Affairs*, May/June 2014

Mahatma P.Gandhi, *The Indian Cotton Textile Industry*, The Book Company(Calcutta), 1930

R.Goldscheid, "A Sociological Approach to Problems of Public," in R.Musgrave et al.(eds.), *Classics in the Theory of Public Finance*, Macmillian, 1967

Graham Allison, "The Thucydides Trap: Are the U.S.and China Headed for War?" *The Atlantic*, September 24, 2015

Henry A.Kissinger, "The Future of U.S.−Chinese Relations: Conflict Is a Choice, Not a Necessity", *Foreign Affairs*, Vol.91, No.2, 2012

Jitendra G.Borpujari, "The Impact of the Transit Duty System in British India," *The Indian Economic and Social History Review*, Vol.10, No.3, 1973

John Gallagher, Ronald Robinson, "The Imperialism of Free Trade," *The Economic History Review*, Vol.6, No.1, 1953

John J.Mearsheimer, "China's Unpeaceful Rise," *Current History*, April 2006, pp.160−162; John J. Mearsheimer, "The Gathering Storm: China's Challenge to Us Power in Asia," *The Chinese Journal of International Politics*, Vol.3, No.4, 2010

Kevin H.O'Rourke, "Tariffs and Growth in the Late 19th Century," *The Economic Journal*, April 2000

Linda Weiss, *America Inc.?: Innovation and Enterprise in the National Security State*, Cornell University Press, 2014

Mariana Mazzucato, *The Entrepreneurial State: Debunking Public vs.Private Sector Myths*, Public Affairs, 2015

Mark Esper, *A Sacred Oath: Memoirs of a Secretary of Defense During Extraordinary Times*, William Morrow, 2022

Mary Elisabeth Cox, "Hunger Games: Or How the Allied Blockade in the First World War Deprived German Children of Nutrition, and Allied Food Aid Subsequently Save Them," *Economic History Review*, Vol.68, No.2, 2015

Michael Mastanduno, "Economics and Security in Statecraft and Scholaship", *International Organization*, Vol.52, No.4, 1998

Michael Schaller, *The American Occupation of Japan: The Origins of the Cold War in Asia*, Oxford Universing Prass, 1985

Michal Mann, "State and Society, 1130—1815: An Analysis of English State Finances," in Michael Mann(ed.), *State, War and Capitalism: Studies in Political Sociology*, Blackwell, 1988

James Macdonald, *Minutes of Evidence taken before the Select Committee on the Affairs of East India Company and also Appendix and Index*, 1832, V.Millitary, xxxi

Nicholas Mulder, *The Economic Weapon: The Rise of Sanctions as a Tool of Modern War*, Yale University Press, 2022

Paul Bairoch, *Economics and World History: Myths and Paradoxes*, The University of Chicago Press, 1995

Paul Kennedy, *The Rise and Fall of the Great Powers: Economic Change and Military Conflict from 1500 to 2000*, Vintage Books, 1987

Paul Romer, "The Trouble with Macroeconomics," Delivered January 5, 2016, as the Commons Memorial Lecture of the Omicron Delta Epsilon Society, https://paulromer.net/the-trouble-with-macro/WP-Trouble.pdf

Richard Bean, "War and the Birth of the Nation State," *The Journal of Economic History*, Vol.33, No.1, 1973

Richard Rosecrance, *The Rise of the Trading State: Commerce and Conquest in the Modern World*, Basic Book, 1986

Richard Rosecrance, "The Rise of the Virtual State," *Foreign Affairs*, Vol.75, No.4, 1996

Robert Gilpin, *War and change in World Politics*, Cambridge University Press, 1981

R.A.Musgrave, "Schumpeter's crisis of tax state: an essay in fiscal sociology," *Journal of Evolutionary Economics*, June 1992

Simon Johnson, "The Economic Crisis and the Crisis in Economic," *The Baseline Scenario*, January, 2009

Vernon W. Ruttan, *Is War Necessary for Economic Growth?: Military Procurement And Technology Development*, Oxford University Press, 2006

Walter Russell Mead, "The Return of Geopolitics: The Revenge of the Revisionist Powers," *Foreign Affairs*. Vol.93, No.3, 2014

"What Went Wrong with Economics: And how the discipline should change to avoid the mistakes of the past," *The Economist*, July 2009

"What the economists knew: Larry Summers diagnoses the dismal science," *The Economist*, April 2011

中文文献

［德］诺贝特·埃利亚斯：《文明的进程：文明的社会发生和心理发生的研究》，王佩莉、袁志英译，上海译文出版社2013年版

［德］卡尔·冯·克劳塞维茨：《战争论》，商务印书馆2016年版

［法］托马斯·皮凯蒂：《21世纪资本论》，巴曙松、陈剑、余江、周大昕、李清彬、汤铎铎译，中信出版社2014年版

［古希腊］修昔底德：《伯罗奔尼撒战争史》，谢德风译，商务印书馆2018年版

［美］巴里·波森：《克制：美国大战略的新基础》，曲丹译，社会科学文献出版社2016年版

［美］查尔斯·蒂利：《强制、资本和欧洲国家（公元990年—1992年）》，魏洪钟译，上海人民出版社2007年版

［美］加莉·克莱德·霍夫鲍尔、［美］金伯莉·安·艾略特、［美］芭芭拉·奥格：《反思经济制裁》，杜涛译，上海人民出版社2017年版

［美］克里斯·米勒：《芯片战争：世界最关键技术的争夺战》，蔡树军译，浙江人民出版社2023年版

［美］罗伯特·吉尔平：《战争与世界政治的变化》，宋新宁、杜建平译，上海人民出版社

2019年版

［美］瑞·达利欧：《原则：应对变化中的世界秩序》，刘波等译，中信出版集团2018年版

［美］威廉·麦克尼尔：《竞逐富强：公元1000年以来的技术、军事与社会》，倪大昕、杨润殷译，上海辞书出版社2013年版

［美］兹比格涅夫·布热津斯基：《大棋局：美国的首要地位及其地缘战略》，中国国际问题研究所译，上海人民出版社1998年版

［日］大岛通义：《预算国家的危机》，徐一睿译，上海财经大学出版社2019年版

［日］井手英策、仓地真太郎、佐藤滋、古市将人、村松怜、茂住政一郎：《财政社会学是什么》，徐一睿译，待出

［英］托马斯·霍布斯：《利维坦》，海蕴译，中译出版社2023年版

［英］爱德华·卡尔：《二十年危机（1919—1939）》，秦亚青，世界知识出版社2005年版

［英］哈·麦金德：《历史的地理枢纽》，林尔蔚 、陈江译，商务印书馆2008年版

［英］杰里米·布莱克：《战争的世界史》，王启超、董伟译，光明日报出版社2023年版

［英］卡尔·波兰尼：《大转型：我们时代的政治与经济起源》，冯钢、刘阳译，当代世界出版社2020年版

［英］张夏准、倪延硕：《富国陷阱：发达国家为何踢开梯子》，肖炼译，社会科学文献出版社2007年版

日文文献

井手英策：『日本財政の現代史1-土建国家の時代1960-85年』，有斐閣，2014

板谷敏彦：『日露戦争、資金調達の戦い：高橋是清と欧米バンカーたち』，新潮選書，2012

オットー· ヒンツェ、石井紫郎訳：『一八世紀におけるプロイセン軍事=官僚国家』，成瀬治編訳：『伝統社会と近代国家』，岩波書店，1982

小野圭司：『日本戦争経済史』，日本経済新聞出版社，2021

金子胜：『イギリス近代と自由主義近代の鏡は乱反射する』，筑摩書房，2022

沓脱和人：『戦後における防衛関係費の推移』，『立法と調査』2017年，第395号

衛藤瀋吉：『近代中国政治史研究』，東京大学出版会，1968

ジョン· ブリュア：『財政=軍事国家の衝撃<C:\Program Files\Founder\FounderFX71\Pl-ugIns\v12PluginBDTranslator\WordImage\参考文献（出版社調整版）-93D\Image0001.jpeg> 戦争·カネ· イギリス国家 1688-1783』，大久保桂子訳，名古屋大学出版会，2003

関野満夫：『日本の戦争財政』，中央大学出版部，2021

土居丈朗：『日本の防衛費は「対GDP比2%」へ倍増できるのか』，『東洋経済』2022年4月25日

中野剛志：『富国と強兵─地政経済学序説』，東洋経済新報社，2016

藤崎憲二：『昭和財政史』（戦前編），東洋経済新報社，1954

『第76回国会众议院決算委員会会議録』，第2号（1975.11.13）

『第102回国会众议院预算委员会会议录』，第9号（1985.2.14）

『第102回国会闭会后参议院决算委员会会议录』，第2号（1960.9.19）

『第151回国会における小泉総理大臣所信表明演説』，2001年5月7日，https：//www.mofa. go.jp/mofaj/gaiko/bluebook//2002/gaikou/html/siryou/sr_01_03.html〔2023-7-27〕

日本財務省官网：https：//www.mof.go.jp/policy/budget/reference/statistics/data.htm〔2023-7-27〕

『防衛費補正予算膨張に歯止めかけね』，『東京新聞』2021年11月29日，https：//www.to-kyo-np.co.jp/article/221815〔2023-7-31〕

『岸田首相防衛費5年間で"総額約43兆円確保"で調整へ』，『NHK新聞』2022年12月5日，https：//www3.nhk.or.jp/news/html/20221205/k10013913811000.html〔2023-7-31〕

『安倍氏「防衛費増は国債で対応」日米首脳会談の首相発言巡り』，2022年5月23日，https：//nordot.app/901438565624201216〔2023-7-31〕

『防衛予算増「安易に国債頼るべきでない」公明・山口代表 大幅増額論牽制も』，『朝日新聞』2022年6月29日，https：//www.asahi.com/articles/ASQ6X5D19Q6XUTFK00M.html〔2023-7-31〕

『防衛費増額、財源どこから？ 検討先送り、具体性乏しく…有権者の判断材料は不明瞭』，『東京新聞』2022年7月8日，https：//www.tokyo-np.co.jp/article/188206〔2023-7-31〕

日本財務省：『防衛』（財政制度等審議会財政制度分科会歳出改革部会資料），2022年4月20日，https：//www.mof.go.jp/about_mof/councils/fiscal_system_council/sub-of_fiscal_sys-tem/proceedings_sk/material/zaiseisk20220420/03.pdf〔2023-7-31〕

『円安で為替差益が37兆円？ 野党が外為特会の「埋蔵金」に熱視線 それでも岸田首相が冷ややかな理由は…』，『東京新聞』2022年12月26日，https：//www.tokyo-np.co.jp/arti-cle/210159〔2023-7-31〕

日本財務省：『税制改正概要』，https：//www.mof.go.jp/tax_policy/tax_reform/outline/index.ht-ml〔2023-7-31〕

『防衛費の増額「賛成」が55% NHK世論調査』，『NHK新聞』2022年10月12日，https：//www3.nhk.or.jp/news/html/20221012/k10013854901000.html〔2023-7-31〕

后　记

　　当我在 2024 年 7 月的一个宁静午后，坐在东京国分寺家中书房的窗前写下这篇后记时，不禁回想起自己 27 年前初到日本时的情景。1997 年，我高中毕业后就来到日本开始了留学生活。从那时起，日本就成了我学习、生活和研究的第二故乡。窗外，初夏的阳光透过茂密的树叶洒落在书桌上，这熟悉而温馨的场景让我想起了这些年来在日本的点点滴滴。这本《战争与财政》不仅凝聚了我近十年来对战争、国家形成与财政之间复杂关系的思考和研究，也在某种程度上反映了我在日本这些年来的学术积累和文化体验。

　　虽然我在日本已经出版过多本书籍，在国内也有几本翻译作品面世，但这是我第一次在国内出版自己的学术专著。这种特殊的经历，让我在写作过程中常常需要在日本和中国两种学术传统和表达方式之间寻找平衡。这既是挑战，也是机遇，让我能够从一个独特的视角来审视战争与财政这一宏大主题。

　　在此，我要特别感谢我的授业恩师、庆应义塾大学名誉教授金子胜先生。金子老师是一位杰出的学者，曾担任日本财政学会的理事长，其学术影响力在日本财政学界举足轻重。金子老师在财政史、现代财政制度等多个领域都有深入的研究和独到的见解，这为我的研究提供了广阔而坚实的基础。他对日本战后财政史的深入研究，对现代财政制度的精辟分析，以及他对"财政军事国家"概念的阐释，都极大地启发了我对本书核心主题的思考。金子老师不仅在学术上给予我悉心指导，更以身作则，教会了我如何成为一名严谨、负责的学者，如何在复杂的财政问题中找到关键所在。他的学术精神和研究方法，对我的学术生涯产生了深远的影响。

同时，我也要感谢我的同门师兄弟们。他们的关怀和学术讨论为我提供了宝贵的支持和灵感。特别要提到东京经济大学的佐藤一光教授，他在财政社会学领域的卓越研究给了我很大的启发。佐藤教授对日本战后财政制度的深入剖析，以及他对全球化背景下国家财政角色的思考，都对本书的写作产生了重要影响。我们之间频繁的学术交流和探讨，不仅丰富了本书的内容，也让我在研究过程中受益匪浅。

在研究和写作的过程中，我越发深刻地认识到，战争与财政的互动不仅塑造了人类历史的进程，也在很大程度上决定着当今世界的政治经济格局。从古代城邦到现代民族国家，从税收国家到债务国家，再到当今的经济制裁与技术封锁，财政始终是国家权力的核心支柱，也是理解国际关系的关键视角。

本书重点探讨的英国和日本的案例，让我对不同的战争财政模式如何影响一个国家国势的兴衰与国际地位的升降有了更深入的理解。作为一个在日本生活多年的中国学者，我对日本的案例有着特殊的感受和见解。战争时，日本通过一套不受议会监督的军事财政制度，支撑其军国主义扩张，这也为战后的经济重建埋下了隐患。研究这个案例不仅是作历史的回顾，也为我们理解当代日本的财政政策和国防战略提供了重要的背景与框架。

在研究当代国际关系时，我特别关注中美之间日益激烈的经济技术竞争。这一竞争不仅凸显了财政在地缘政治博弈中的核心地位，也让我们看到了国家在推动技术创新、应对不确定性方面所扮演的关键角色。这种"企业家国家"的理念，为我们理解现代国家在全球竞争中的作用提供了新的视角。

我还要特别感谢上海财经大学刘守刚教授。尽管我们长期身处不同国家，但刘教授在中国财政史、西方财政思想史和财政政治学领域的深厚造诣，为本书的写作提供了宝贵的理论指导和学术启发。他对中国财政制度历史演变的深入研究，以及对西方财政思想的精辟见解，为本书提供了重要的比较视角。同时，刘教授在财政政治学方面的研究，还让我更深入地思考了财政与政治权力之间的复杂关系，这对本书探讨战争、国家与财政的互动具有重要的启发意义。刘教授严谨的学术态度、开阔的国际视野以及对跨学科研究的鼓励，极大地拓展了我的研究视野，也让本书的论述更加深入和全面。

同时，我要向浙江人民出版社表示诚挚的谢意。作为一名长期旅居海外的作者，能够得到国内出版社的支持和信任，对我来说意义重大。出版社的专业团队在选题策划、内容编辑和出版发行等各个环节都给予了全方位的支持。他们的辛勤工作和专业建议，使得本书能够以最佳的面貌呈现给国内读者。

特别要感谢浙江人民出版社文史出版中心的编辑诸舒鹏先生。从本书的企划到成文，再到最后的出版，诸先生都给予了众多宝贵的帮助。他对历史和政治经济学的深刻理解，使得我们在讨论书稿时常常能碰撞出新的火花。他细致入微的校对工作和富有洞察力的修改建议，大大提升了本书的可读性和学术价值。没有诸先生的专业指导和不懈努力，这本书很难以现在这样的面貌呈现在读者面前。

写作是一个孤独而漫长的过程，在此我要特别感谢我的家人。他们的理解、支持和鼓励是我克服困难、坚持写作的最大动力。我的妻子在我埋头写作时承担了更多的家庭责任，她的体贴和理解让我能够全身心投入到研究中。我的一双儿女也给了我莫大的支持和快乐。儿子正在为高考做准备，女儿则在高中就读，看着他们成长，既是我的骄傲，也是我努力工作的动力。尽管我的研究工作占用了很多本该陪伴他们的时间，但他们的理解和支持让我倍感温暖。我的父亲虽然远在中国，但他始终以我为荣，这种无条件的支持给了我莫大的力量。特别要提到我已故的母亲，她虽然未能看到这本书的出版，但她生前对我学业的支持和鼓励，一直是我前进的动力。她在我完成学业、在日本开始教学研究生涯后不久就离开了我们，但她的爱和期许始终伴随着我，激励我在学术道路上不断前行。在写作本书的过程中，我常常想起母亲的教诲，这让我在面对挑战时更加坚定。

在研究和写作的过程中，我也深深感受到了跨国学术共同体的力量。无论是在日本的同事还是中国的学者，都在学术会议和私下交流中给予了我宝贵的意见和建议。他们的批评和质疑让我的论点更加严谨，他们的鼓励和支持让我在遇到瓶颈时能够坚持下去。

最后，我希望这本书能为读者提供一个新的视角，去理解战争、国家与财政之间的深刻联系，以及它们如何塑造了我们所处的这个复杂多变的世界。在全球化与地缘政治矛盾加剧的今天，我们比任何时候都更需要这种跨学科、跨文化的视角来洞察国际政治经济的本质。

我深知，这本书可能存在一些不足和遗漏。学术研究是一个不断探索和完善的过程，我衷心希望这本书能够对相关领域的研究有所贡献，也期待与读者就书中的观点展开进一步的讨论和交流。你们的反馈和建议将是我继续研究的重要动力。

在结束这篇后记时，我要向所有关心和支持这本书的人表示衷心的感谢。是你们的鼓励和期待，让这本书最终得以呈现在读者面前。我相信，只要我们保持对知识的渴求，对真理的追寻，我们就能在这个充满挑战的世界中找到前进的方向。

在结束这本书时，我想引用唐代诗人杜甫的《兵车行》。这首诗生动地描绘了战争与财政政策对普通民众生活的深刻影响，与本书探讨的主题不谋而合：

车辚辚，马萧萧，行人弓箭各在腰。

爷娘妻子走相送，尘埃不见咸阳桥。

牵衣顿足拦道哭，哭声直上干云霄。

道旁过者问行人，行人但云点行频。

或从十五北防河，便至四十西营田。

去时里正与裹头，归来头白还戍边。

边庭流血成海水，武皇开边意未已。

君不闻，汉家山东二百州，千村万落生荆杞。

纵有健妇把锄犁，禾生陇亩无东西。

况复秦兵耐苦战，被驱不异犬与鸡。

长者虽有问，役夫敢申恨？

且如今年冬，未休关西卒。

县官急索租，租税从何出？

信知生男恶，反是生女好。

生女犹得嫁比邻，生男埋没随百草。

君不见，青海头，古来白骨无人收。

新鬼烦冤旧鬼哭，天阴雨湿声啾啾。

这首诗不仅展现了战争的残酷，还直接提到了征兵和征税对普通百姓的影响。它提醒我们，在探讨战争与财政这些宏大主题时，不应忽视其对普通民众生活的深远影响。希望这本书能为读者提供一个新的视角，去思考战争、国家与财政之间的复杂关系，以及它们如何塑造了我们的过去、现在和未来。

徐一睿

2024 年 7 月于日本东京国分寺